발레리나를 꿈꾼 로봇

로봇과 퍼포먼스

차례
Contents

프롤로그 - 로봇도 과연 인간의 춤을 출 수 있을까?

　로봇이 단약 인간의 춤을 출 수 있다면, 이를 바라보는 관객의 감동 혹은 카타르시스도 예전과 변함없이 존재할까? 함부로 장담하기 어렵지만 21세기의 로봇들이 아무리 정교한 움직임을 선보일 수 있다 하더라도 그들은 기존의 무용수들과 본질적으로 다르기 때문에 로봇의 춤을 바라보는 관객의 시선도 새로이 정립되어야 마땅할 것이다.

　21세기 테크놀로지의 발전에 힘입어 로봇의 '출생률'은 기하급수적으로 증가하고 있다. 인간은 이 영리한 기계들을 다양한 분야에 접목시켜 활용하려고 한다. 특히 최첨단 로봇을 무대 위 무용수로 분하여 등장시키는 것은 기업이 로봇의 기능을 홍보하는 정도의 차원을 뛰어넘는다. 이제 극장 안으로 로봇들이 입장함으로써 무대 위의 거대한 지각변동이 예상되는데 이러한 로봇들은 최첨단 테크놀로지의 산물이면서도 동시에 위대한 극적 상상력의 일부여야 함을 잊지 말아야 한다. 무대 위 로봇은 인간의 반복적인 노동을 대신하기 위해 제작된 산업용 로봇과는 다르며 이들에게 '감히' 효율성과 내구성을 요구해서는 안 된다. 오히려 로봇에게 새로운 존재 의미를 부여할 수 있다는 측면과 관객에게 새로운 경험을 제공할 수 있다는 측면에서 접근해야 옳을 것이다.

로봇과 배우, 무대의 경계가 희미해지는 오늘날 세계 곳곳에서 시도되는 로봇과 퍼포먼스의 만남들을 살펴보도록 하겠다. 그럼으로써 로봇도 인간의 춤을 출 수 있는가에 대한 물음에 답하고자 한다. 참고로 앞으로 다룰 로봇의 범위에 대해 말하자면 오토마타(automata), 사이보그(cyborg), 안드로이드(android), 텔레로봇(telerobot) 등 그 형태적 특성에 따라 구분하기보다는 하나의 로봇이 무대 혹은 퍼포먼스의 요소로 활용되었는가에 초점을 맞추겠다. 앞서 무대 혹은 퍼포먼스라고 지칭한 사실에서 알 수 있듯이 일회적이거나 반복될 수 없는 예술 행위에 로봇이 활용되는 사례를 중심으로 살펴보겠다. 그러므로 중세 유럽의 귀족들이 가지고 놀던 오토마타 인형과 백남준의 <로봇 가족>과 같이 조각 혹은 설치미술에 이용된 로봇들은 제외될 것이다. 장르 측면에서 본다면 정식 무대에서 이루어지는 무용, 연극뿐만 아니라 비공식적 무대와 열린 공간에서의 해프닝, 퍼포먼스, 혼합

미디어(mixed-media)공연, 축제극을 모두 포함한다. 공연학(performance studies)을 주창한 미국의 연출가 리차드 쉐크너(Richard Schechner)에 따르면 오늘날 공연예술은 상호(inter-)적인 교류를 바탕으로 장르 간의 경계가 급속하게 허물어지고 있으며, 이러한 경향에 따라 무대 위에서는 다양한 실험들이 시도되고 있다. 로봇이 회색빛 공장을 뛰쳐나와 휘황찬란한 무대의 배우가 되려는 노력 또한 이러한 흐름과 무관하지 않을 것이다.

목차를 간단히 살펴보면, 먼저 최초로 로봇이 등장했던 연극인 카렐 차페크(Karel Capek)의 <R.U.R(Rossum's Universal Robot)>을 소개한다. 이 작품을 통해 카렐 차페크가 로봇과 퍼포먼스의 만남을 어떠한 모습으로 무대 위에서 현실화시켰는지 들여다본다. 로봇의 개념은 이전의 문학 작품에서도 꾸준히 언급되어 왔지만 바로 그가 로봇이라 불리는 배역을 무대 위에 세웠던 최초의 작가라는 점에서 주목하였다. 또한 카렐 차페크를 통해 '로봇'이라는 단어가 세계적으로 알려졌으므로 그의 희곡으로 이야기를 시작해도 무리가 없을 것이다. 이어서 고대 그리스극에서 출발하여 중세와 근대, 그리고 현대의 무대 역사를 간략하게 들여다봄으로써 로봇과 퍼포먼스의 만남이 오래 전부터 예고되어 왔음을 밝힌다. "무대를 점령하는 로봇"에서는 로봇과 퍼포먼스의 만남을 '춤추는 로봇', '일하는 배우', '말하는 무대' 세 부분으로 나누어 소개한다.

로봇의 아버지, 카렐 차페크

2071년 1월 26일 저녁 7시. '떼아뜨르 로보티카(Theatre Robotica)'의 정문은 공연을 보기 위해 몰려든 사람들로 가득하다. 세계 최초의 로봇 극장인 떼아뜨르 로보티카가 개관한 지도 벌써 1년이 되어 간다. 개관 당시 말도 많고, 탈도 많았지만 공연 시간 내내 지칠 줄 모르는 발레리봇들이 선보이는 환상적인 무대에 로봇 극장에 대해 부정적이던 관객들도 하나둘씩 그들의 팬이 되기 시작하였다.

특별히 올해는 극장이 개관한 지 1주년이 되는 해이며, 개관 기념 공연으로는 카렐 차페크의 <R.U.R>이 선정되었다.

<R.U.R>은 1921년 체코에서 초연되었던 희곡으로 마침 올해가 초연 150주년이 되는 해이기도 하다. 이번 공연에 맞추어 원작이 다소 각색되었지만 대체적인 골격은 그대로 유지하였다. 이 역사적인 공연을 위해 무대 뒤에서는 발레리봇들이 한데 모여 몸을 풀고 있다. 정확히 말하자면, 기술자들이 로봇의 상태를 마지막으로 점검하고 있다. 로봇의 예민한 부위를 찬찬한 들여다보면서 느슨해진 나사를 조이고, 주요 동작을 다시 한 번 가동해 봄으로써 성공적인 공연에 차질이 없도록 만반의 준비를 하고 있다.

"자자, 모두들 실수 없이 오늘 공연을 마칠 수 있도록 해요. 그리고 무엇보다 이 영광의 순간을 우리의 아버지, 카렐 차페크에게 돌립시다."

공연이 시작되기 10분 전 주연 로봇인 헬레나가 기특하게도 다른 로봇들 앞에 서서 긴장된 분위기를 누그러뜨린다. 여기저기 기술자의 마지막 점검을 받고 있던 동료 로봇들은 활기찬 목소리로 그녀에게 화답한다. 이제 객석은 관객들로 가득 차고, 서서히 무대의 막이 올라가기 시작한다.

R.U.R

앞서 소개한 떼아뜨르 로보티카는 이 세상에 존재하지 않는 극장이다. 현재로서는 설립 계획도 없지만 언젠가 로봇만의 극장이 탄생하리라는 희망을 가지고 가상의 시나리오를 짜

보았다. 그렇지만 오늘날 로봇의 발전 방향과 속도에 비추어 볼 때 전혀 현실성이 없는 시나리오는 아닌 듯하다. 1960년대 이후부터 로보틱 아트(robotic art)라는 이름으로 적지 않은 예술가들이 로봇의 철학적·미학적·예술적·사회적 의미를 탐구해 왔다. 공학자들도 예외는 아니다. 최근 MIT와 같은 세계적인 연구 기관에서는 로봇을 퍼포먼스에 활용하려는 프로젝트가 본격적으로 진행되고 있으며, 우리나라의 KAIST도 휴보(Hubo)를 시작으로 이제 막 첫걸음을 내딛고 있다. 로봇도 인간과 크게 다르지 않아 빛나는 조명 아래 멋진 모습으로 노래하고 춤추는 배우를 갈망하는 건 아닌지 모르겠다.

앞서 로봇 배우 헬레나가 자신들의 아버지라고 칭한 카렐 차페크는 누구일까? 그는 로봇들의 배우를 향한 꿈을 실현시켜 준 최초의 작가이다. 로봇과 퍼포먼스의 만남을 그저 생소하기만 한 결합 혹은 억지스런 이종교배로 보려는 사람들의 시선을 바로잡을 수 있도록 카렐 차페크와 그의 희곡 작품 『R.U.R』을 먼저 살펴본다.

카렐 차페크는 1890년 당시 오스트리아의 일부였던 보헤미아에서 태어났으며 프라하의 캐롤라인 대학에서 생물학을 전공하였다. 졸업 이후 극장에서 무대감독으로 재직하면서 유명 여배우와 결혼하게 된다. 저널리스트, 민주주의의 옹호자로 알려져 있는 카렐 차페크는 희곡 『R.U.R』과 소설 『War With the Newts』을 통해 작가로서의 명성도 함께 얻게 된다. 특히 『R.U.R』은 카렐 차페크 스스로 자신의 작품 중에서 가장 홍

미롭지 않은 작품으로 꼽았지만 산업사회와 기계시대의 도래라는 시대적 상황과 맞물리면서 많은 사람들이 그의 예언적인 작품에 주목하게 된다.

카렐 차페크가 『R.U.R』을 집필하기 이전에도 로봇의 개념이 존재하지 않았던 것은 아니지만 카렐 차페크에 의해서 비로소 로봇으로 명명된 배우들이 무대 위에서 연기를 펼치게 된다. 로봇이라는 단어가 카렐 차페크의 형인 요제프 차페크(Joseph Capek)에 의해 주창되었음을 상기할 때 그가 자신의 작품에 로봇을 등장시켰던 것도 결코 우연은 아니다. 1908년 차페크 형제가 공동으로 집필한 『System』에서는 그들이 상상한 로봇의 초기 개념을 찾아볼 수 있다. 이 작품은 당시 공장의 테일러주의에 대한 비판을 담고 있으며, 후에 발표되는 카렐 차페크의 『R.U.R』의 서사 구조와 매우 유사하다.

1921년 초연 당시 카렐 차페크는 실제 로봇, 그러니까 기계적으로 움직이는 모형을 직접 사용한 것은 아니었다. 작품 속 로봇은 순전히 그의 상상력으로 구체적인 형상을 갖추게 되었으며 로봇으로 분장한 인간 배우들이 실제 로봇을 대신하여 무대 위에서 연기하였다. 당시 테크놀로지가 작가의 상상력을 실현시킬 수 있을 정도로 발전하지 못했기 때문이다. 그럼에도 불

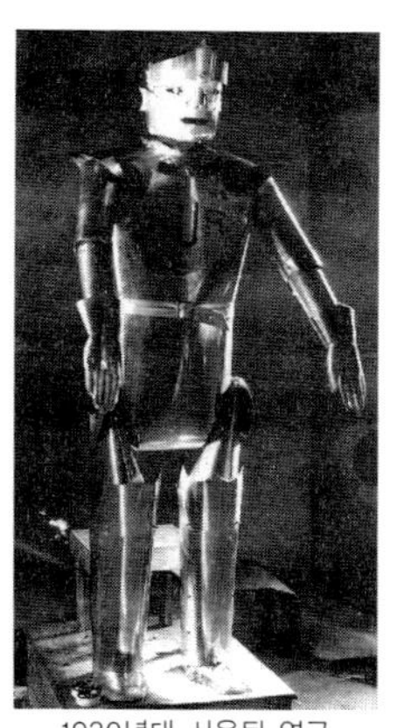

1930년대 사용된 연극
〈R.U.R〉의 로봇 의상.

구하고 놀라운 점은 그가 상상했던 로봇들이 확장시킬 수 있
는 기억력(memory)을 지녔다는 점, 인간을 계속해서 닮아 가면
서 감성적 기계로 진화한다는 점, 마지막으로 기계공학 대신
유전공학이 로봇을 창조하는 데에 필요하다는 점은 20세기 초
반에 쓰였다고는 믿기 어려울 정도다. 『R.U.R』의 줄거리는 다
음과 같다.

　　바다 한가운데 위치한 작은 섬에 '로섬의 유니버설 로봇
(Rossum's Universal Robots)'이라는 로봇 공장이 들어선다.
이곳에서 대량 생산되는 로봇들은 내륙에 사는 사람들의 노
동력을 대체하며 불티나게 팔리기 시작한다. 공장을 둘러보
기 위해 섬을 방문한 대통령의 딸, 헬레나(Helena)는 공장장
도민(Domin)의 적극적인 구애를 이기지 못하고 결국 그와
결혼하게 된다. 일찍이 로봇들의 비인간적인 삶을 개선시키
고자 했던 그녀는 걸 박사(Dr. Gall)에게 로봇도 사람처럼
영혼을 지녀야 한다고 주장한다. 그렇게 되면 로봇도 사람
처럼 고통을 느끼겠지만 이보다는 나은 삶을 살게 될 것이
라 생각했기 때문이다. 헬레나와 걸 박사는 그들의 계획을
비밀리에 진행시킨다.
　　한편, 사람들의 일상생활 속에 깊숙이 침투해 버린 로봇들
은 자신들이 사람보다 뛰어난 능력을 지니고 있음을 깨닫고
반란을 일으키기로 결심한다. 반란에 성공한 내륙의 로봇들
은 사람들을 무차별적으로 살상한다. 공장의 로봇들도 예외
는 아니었다. 도민과 헬레나, 걸 박사 그리고 공장 기술자였

던 알퀴스트(Alquist), 버스만(Busman), 할레마이어(Hallemeier)는
섬 안에서 로봇의 무리와 대치하게 된다. 궁지에 몰린 사람
들은 일찍이 로봇을 탄생시킨 로섬(Rossum) 박사의 로봇 생
산 비법이 적힌 문서를 가지고 로봇 폭도들과 협상하려 한
다. 하지만 그 문서는 이미 헬레나에 의해 불에 타고 사라진
후였다. 마침내 집 안으로 들이닥친 로봇들은 자신들과 대
치하기를 원치 않았던 알퀴스트만을 남긴 채 모두 죽이고
만다.

세월이 흘러 생식 기능이 없는 로봇은 서서히 그 수가 감
소하기 시작한다. 로봇들은 알퀴스트를 가둔 채 그에게 로
봇 생산 기술을 발명하라고 강요한다. 하지만 로섬 박사의
문서가 없는 알퀴스트는 로봇을 복제하려는 시도를 거듭하
지만 계속해서 실패하고 만다. 자신이 지구 상에 남은 마지
막 사람임을 알게 된 알퀴스트는 자신에게 로봇의 미래가
달려 있다며 오히려 그들을 협박한다. 잠시 잠들었던 알퀴
스트는 헬레나(Helena)와 프리머스(Primus)라는 두 로봇에
의해 깨어나게 되고, 그들에게 사랑이라는 사람의 감정이
있음을 발견하게 된다. 헬레나와 프리머스는 일찍이 걸 박
사와 헬레나가 비밀리에 만들었던 사람의 영혼을 지닌 로봇
이었던 것이다. 알퀴스트는 기뻐하며 그들을 해부하여 로봇
탄생의 비밀을 밝히기보다는 각각 '아담'과 '이브'라 명한
후 연구실 밖 세상으로 내보낸다.

유럽을 뒤흔들었던 제1차 세계대전의 여파는 카펠 차페크

에게도 예외는 아니었으며 잔인하고, 무차별적인 전쟁의 흔적이 작품에서 고스란히 묻어난다. 또한 전쟁 전후로 가속화되기 시작한 테크놀로지의 발전 속도는 그로 하여금 로봇이라는 기계에 대한 이야기를 쓰게끔 만든다. 그의 작품 속에 등장하는 로봇은 나사와 볼트로 이루어진 기계인간이기보다는 생명복제 기술로 탄생한 복제인간에 더욱 가깝다. 그리고 겉으로 보기에는 인간과 전혀 구분되지 않을 정도로 인간적인 로봇의 형상은 당시 사람들에게 분명 파격적이었을 테다. 그는 자신의 기술적 지식과 사회적 통찰력을 결합하여 감정이 제거된 '제2의 인간'을 탄생시킨 셈이다.

『R.U.R』에 등장하는 로봇은 단순히 기계의 상징물에서 벗어나 보다 다층적인 의미를 지닌다. 작품 속에서 로봇은 인간의 이성(Rossum은 작품 속에서 로봇을 처음 개발한 박사이자, 체코어로 이성을 뜻함)이 자초한 '똑똑한 살상 기계'를 가리키는 동시에, 산업사회의 획일화된 노동에서 벗어날 수 없었던 당시의 노동계급을 가리키기도 한다. 이처럼 '기계의 인간화'와 '인간의 기계화'를 동시에 꿰뚫는 그의 통찰력에서 사람들이 매력을 느꼈던 것은 당연할지도 모른다. 그리고 카렐 차페크는 당시의 연극 경향보다는 오히려 고대 그리스극의 기본 구성을 따라가면서 인간과 신, 혹은 기계를 병치시키는데 이는 로봇의 상징성을 극대화하는 결과를 낳는다.

로봇과 마찬가지로 작품 속 여러 인물들도 상징적인 역할을 담당하는데 이름의 다양한 어원을 통해 유추해 볼 수 있다.

연극 〈R.U.R〉의 한 장면

실제로 카렐 차페크는 5개 국어에 능통했다고 한다. 앞서 말했듯이 로봇 생산 기술을 발명한 로섬 박사와 그의 아들 로섬은 체코어르 이성을 뜻한다. 비록 작품에 직접 등장하지 않지만 그들의 존재를 통해 창조적이면서도 동시에 파괴적인 이성의 속성이 드러난다. 공장장 도민(Domin)의 이름은 마스터를 뜻하는 라틴어 도미누스(dominus)에서 차용한다. 반란을 일으킨 로봇들에게 돈뭉치를 들이대며 협상을 시도하다 끝내 비참한 죽음을 맞이하는 버스맨(Busman)은 영어 비즈니스맨(businessman)의 줄임말이며, 걸 박사(Dr. Gall)는 그리스의 유명한 의학자 갈렌(Galen)의 변용이다. 공장의 기술 감독을 역임했던 파브리(Fabry)는 '도구의 인간(homo faber)'을 연상시킨다. 카렐 차페크는 여러 인물들에 대한 가치 판단은 유보했지만 그중에서 자신의 철학과 가장 가까운 인물로 알퀴스트(Alquist)를 꼽았다. 알퀴스트라는 이름은 '누군가'를 뜻하는 라틴어 알퀴스(aliquis) 혹은 '선호'를 뜻하는 스페인어 엘 퀴스토(el quisto)를 뜻한다.

알퀴스트는 로봇에 의해 노동이 사라진 인간의 삶이 가져다줄 폐해를 예언하면서 진정으로 건강한 삶이 무엇인지에 대하여 고민했던 인물이다.

> 알퀴스트: 나는 과학을 원망합니다. 나는 테크놀로지를 원망합니다. 그리고 도민! 나 자신, 우리를 원망합니다. 우리는 중대한 실수를 저질렀습니다. 인간의 과대망상은 누군가의 이익, 인류의 진보와 발전, 그리고 거대하지만 뚜렷하지 않은 무엇이라는 미명 아래 인류의 휴머니티를 말살시켰습니다.

카렐 차페크는 애초부터 자신이 하나의 희극을 쓰고 싶었다고 말한다. 반은 과학의 희극이자, 반은 진실의 희극이다. 인간이 추구했던 과학과 테크놀로지의 발전이 인간의 통제 능력 바깥으로 확장되어 가면서 도리어 인간의 목숨을 죄어 오기 시작하는 상황을 그는 매우 우스꽝스런 상황으로 본 것이다.

인간과 기계의 공존에 대해서 고민했던 수많은 예술가와 과학자들 중에서도 카렐 차페크의 『R.U.R』에 주목한 이유는 앞서 말했듯이 그가 최초로 무대 위에서 로봇의 형상을 구체화시켰기 때문이다. 물론 이전에도 메리 셸리의 『프랑켄슈타인』(1818), 구스타프 마이링크의 『골렘』(1915) 등 '인간에 의해 만들어진 인간'에 관한 작품은 있어왔지만 『R.U.R』은 로봇이라는 단어를 처음 명시한 희곡이다.

<R.U.R>이 초연된 지 수십 년이 지난 오늘날 실제로 움직이는 로봇이 무대 위에 올라가려 한다. 그러나 로봇은 인간이 아니다. 무대 위에서 인간이 담당해 왔던 역할을 대신하려 할 때에는 분명한 이유가 있어야 한다. 인간의 노동이 줄게 되면 유토피아가 오리라고 생각했던 공장장 도민의 행동은 오히려 인간의 비참한 종말을 초래하였다. 비유적이긴 하지만 이는 무대 위에서도 마찬가지이다. 로봇이 등장해야 하는 이유를 고민하지 않고 로봇을 단순히 무대에 세운다고 해서 로봇과 퍼포먼스의 만남이 성공할 리 없다. 분명 로봇은 무대 위에서 자신의 자리를 찾지 못하고, 결과적으로 퍼포먼스는 관객을 향한 설득력과 매력을 잃고 만다. 그런 점에서 카렐 차페크의 『R.U.R』은 로봇과 퍼포먼스의 만남에 관해 작품 외적인 시사점도 제공한다. 카렐 차페크는 로봇에 대한 자신의 생각을 희곡 속에 녹여냈다. 그리고 그는 로봇을 위한 희곡을 썼다. 그의 작품은 로봇 없이 아무런 존재 가치도 가지지 못한다. 하지만 최근의 로봇 퍼포먼스라고 칭해지는 공연을 들여다보면 로봇들이 단순히 배우와 무용수의 동작을 흉내 내거나 테크놀로지의 우수성을 자랑하는 시연 행위에 그치고 만다. 이러한 이유에서 <R.U.R>에 실제 로봇이 등장하지 않았음에도 불구하고 그의 작품을 로봇과 퍼포먼스의 만남, 그것도 아주 중요한 '첫' 만남으로 보고자 한다.

로봇의 오래된 꿈

오랜 시간 상상의 세계 속에서 존재하던 로봇은 20세기 중반 테크놀로지의 발전으로 드디어 현실 속에서 그 모습을 드러낸다. 하지만 첫 로봇의 영광은 기업의 상업적인 로봇들이 차지한다. 로봇을 탄생시킨 테크놀로지가 보편화된 후에야 예술가와 연출가들이 로봇을 활용하기 시작한다. 이들의 사례를 살펴보기 전에 무대의 역사 속에서 드러나는 로봇의 흔적을 살펴보는 것도 분명 의미가 있을 것이다. 사실 로봇이라기보다는 무대의 기계장치라고 말하는 편이 옳을 것이다. 아울러 시대를 거슬러 올라가 고대 그리스 시대 헤론의 발명품들, 중세 시대의 시계장치, 르네상스 시대의 오토마타 인형, 산업혁명의 공장용 기계를 중심으로 로봇의 역사를 훑지는 않겠다.

이들은 로봇을 다룬 서적들 속에서 로봇의 조상들로 흔히 인용되어 왔음에도 불구하고 정작 무대에 기여한 바는 적기 때문이다. 물론 당시 사회가 이룩했던 테크놀로지의 부산물이 사회와 문화의 표상인 극장 무대와 전혀 연관성이 없지는 않겠지만 이보다는 무대 자체의 역사를 중심으로 들여다보겠다. 결국 무대에 로봇을 초대한 사람은 공방의 기술자가 아닌 무대의 연출가이기 때문이다. 그리고 로봇과 퍼포먼스의 만남에서 로봇의 기능과 역할도 중요하겠지만 퍼포먼스 혹은 무대 공간의 속성을 파악하는 일이 보다 우선시되어야 한다.

그리고 무대장치는 극장의 오랜 역사 속에서 그 시대가 이룩한 테크놀로지의 결과이면서도 예술가가 누릴 수 있었던 표현의 도구였다. 그것이 자동이 아닌 사람이 움직여야 하는 기중기나 도르래에 불과한 장치에 머물렀다 하여도 이러한 장치들을 통해 배우와 연출가의 표현력이 확장될 수 있었던 것은 분명하다. 오늘날 진화된 기계장치로 볼 수 있는 로봇 또한 예술가의 표현 영역과 연결지어 고려해야 한다.

데우스 엑스 마키나

파트리스 파비스의 『연극학 사전』에 따르면 '데우스 엑스 마키나(deus ex machina)'는 문자 그대로 '기계를 타고 내려온 신'을 뜻한다. 고대 그리스 비극에서는 인간의 능력으로 해결할 수 없는 문제들을 종결짓기 위해 극의 절정 부분에서 신을 등장시켰다. 이처럼 서사 구조의 논리성이나 일관성보다는 신의 출현과 같은 외부의 초월적 힘에 의존하여 이야기를 끝내는 경우를 데우스 엑스 마키나라고 일컫는다. 데우스 엑스 마키나는 일종의 극작법으로 여겨지면서 여러 작품에서 활용되었다. 아리스토텔레스를 시작으로 데우스 엑스 마키나에 대한 비판이 늘 있어 왔음에도 불구하고 오늘날의 작품 속에서도 간혹 변형된 데우스 엑스 마키나를 발견할 수 있다.

극작법상의 의미에서 벗어나 데우스 엑스 마키나라는 극적 전개가 고대 그리스 극장에서 실현될 수 있었던 이유는 마키나(machina)라는 기계장치 덕분이었다. 마키나는 신의 출현을 보여 주기 위하여 사용된 기중기 모양의 장치였다. 아쉽게도 헤론에 의한 스케치만 남아 있을 뿐 정확한 모습은 알려져 있지 않다. 여하튼 마키나가 사용되었던 순간의 분위기를 보다 정확하게 이해하기 위해서 간단하게나마 그리스 극장의 구조를 살펴보겠다.

그리스 극장은 거대한 야외극장으로 오늘날의 노천극장과 같이 자그마한 언덕에 세워졌다. 수만 명을 수용할 수 있는 객석은 언덕의 경사면을 따라 지어졌으며 객석 아래 끝에는 오케스트라라고 불리던 원형의 공간이 있다. 그리스 시대만 해도 오케스트라는 코러스가 등장하던 무대의 일부로 활용되었다. 축제 기간에 맞추어 디오니소스의 상이 일반 시민에게 공개되었는데 오케스트라는 디오니소스 제단이 세워지는 공간이기도 하다. 오케스트라를 사이에 두고 객석과 마주보는 공

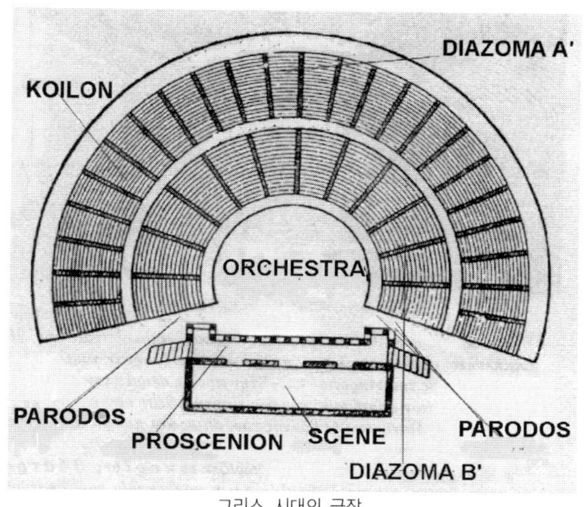

그리스 시대의 극장.

간에는 지금의 무대로 볼 수 있는 프로스케니온이라는 직사각형 구조의 공간이 있다. 오늘날의 전형적인 직사각형 무대를 떠올리면 된다. 오늘날의 전형적인 극장 구조를 일컫는 프로시니엄은 프로스케니온에서 파생된 말이다.

이 거대한 야외극장에 관객이 들어차면 공연이 시작된다. 절정의 순간, 작품 속에서 등장하는 신의 모습이 마키나를 통해 테올로게이온에 내려온다. 테올로게이온은 프로스케니온의 벽면 역할을 하던 스케네 지붕에 있던 공간이다. 이러한 장면은 당시 그리스 시대의 관객에게 적지 않은 충격을 안겨주었을 것이다. 물론 지금의 관객 입장에서 생각할 때는 시시한 특수 효과일 수 있지만 그리스 시민에게 연극은 단순히 극장의 오락물이 아니었다. 당시의 시대적 상황 속에서 이와 같은 극적 장치를 이해할 필요가 있다.

수만 명 그리스 관객의 시선은 결코 프로스케니온 뒤로 세워져 있던 스케네에서 멈추지 않았는데, 그 이유는 스케네 뒤로 디오니소스 신전이 늘 자리하고 있었기 때문이다. 디오니소스 신전은 함부로 위치를 옮길 수 없는 성스러운 공간이었다. 그렇다면 극장이 의도적으로 신전 앞에 자리했다는 설명이 가능하다. 그리고 관극 행위 자체가 그리스 시민들에게는 디오니소스 신을 기리는 제의의 일부로 작용하였음을 알 수 있다. 결국 그리스 시민들은 공연을 통해 바라볼 수 없는 신을 만나게 되며, 그 안에서 신성한 감정이 자연스레 솟아나게 된다. 디오니소스와 그의 어머니 세멜레의 신화를 살펴보아도 신의 모습을 보는 것에 대한 경외감을 담고 있다. 더욱 재미난 것은 몇몇 그리스 극장의 객석이 남쪽을 향하고 있다는 점이다. 그렇다면 그리스 시민들은 디오니소스의 포도주를 마시고 뜨거운 햇살 속에서 공연을 지켜보게 된다. 이러한 점들로 미루어 보아 당시의 열광적인 분위기를 유추해 볼 수 있다. 이제 절정의 분위기에서 무대의 기계장치인 마키나가 신의 모습과 함께 등장한다. 그렇다면 그리스 시민들이 당시의 최첨단 테크놀로지의 산물, 마키나를 바라보는 시선은 어떠했을까? 그리고 마키나는 어떤 극적인 감동을 가져다 주었을까?

기원전 1세기 디오니소스 신전에는 촛불을 켜는 동시에 스스로 움직이기 시작하는 신상이 있었다고 한다. 이는 수학자 헤론이 만든 장치였다. 그는 이외에도 자동 신전문, 성수 자동

급수기, 자동 연주 오르간 등을 제작하였다. 이는 모두 로봇의 역사를 말할 때 반드시 언급되는 최초의 로봇들이다. 무대 위 최초의 기계장치인 마키나 또한 헤론의 작품이다. 헤론이 연출에도 어느 정도 관여했다면 오늘날 파악할 수 없는 더 많은 기계장치들이 무대 위에 존재했을 가능성도 있다. 중요한 것은 그러한 장치들이 단순히 극을 전개시키기 위해 필요한 도르래가 아니었으며 오히려 신의 모습을 보여 주기 위한, 그리고 제의를 위한 신성한 도구의 일부였다는 점이다.

로마 시대로 접어들면서 극장은 신성함을 잃게 된다. 코러스가 서 있던 오케스트라는 귀족을 위한 객석이 되고, 무대는 성스러운 제의의 공간보다는 눈으로 보는 유희의 공간으로 전락한다. 이제 무대 연출자들은 대중에게 보다 화려한 장면들을 선사해야만 한다. 이러한 상황 속에서 등장한 것이 바로 '페리악토이'라는 기계이다. 페리악토이는 회전하는 삼각기둥이며 기계장치에 의해 돌아가면서 움직이는 배경화면을 선사하였다. 그리스 시대의 극장에도 페리악토이가 존재하였지만 로마 시대의 극장이 실내로 진입하게 되면서 이 장치가 보다 화려해졌을 것이 분명하다.

그리스 시대의 극장과 로마 시대의 극장의 차이는 이후의 역사 속에서도 동일하게 반복된다. 중세극은 전형적인 무대를 벗어나 교회라는 공간 속에서 행해졌으며 관객에게는 그리스극과 마찬가지로 신성한 제의 혹은 예배의 일부였다. 교회 안이었다고 하더라도 여전히 현실과 허구가 만나는 경계 지점에서 무대는 존재해야 했으며 연출가의 표현을 위해 다양한 기계장치들이 도입된다. 물론 이때의 연출가는 성직자들이 담당한다. 교회의 기계장치들은 특히 신과 천사의 출현, 사라짐, 비상과 같은 극적인 순간을 나타내기 위해 활용되었다. 예를 들어 등장인물이 무대 아래 설치된 트랩을 통해 사라짐으로써 성경의 기적들을 관객에게 재현해 선보였다. 북유럽을 중심으로 이러한 신비극과 기적극의 전통이 이어졌던 반면에 이탈리아의 무대는 로마 시대와 같이 여전히 오락의 장소였다. 이탈리아의 무대 연출가들은 무대를 다양한 기계장치들로 가득 채웠고, 이 중 '글로리에스(glories)'라는 기계는 초자연적인 존재가 구름 속에서 나타날 때 사용되었다. 르네상스 이후 발전한 원근법에 의거하여 환상적인 장면을 극대화해서 무대 위에서 선보이려는 이탈리아 연출가들의 노력은 19세기까지 이어진다. 특히 19세기 들어 오락으로서의 공연에 대한 시민들의 관심이 증가하면서 일반인을 위한 객석이 확보되고, 가스 조명이 설치되면서 보다 스펙터클한 장면을 관객에게 선사할 수 있게 된다.

이제까지 간략하게나마 무대 위에 존재했던 기계장치들에 대하여 알아보았다. 무대 뒤에서 공연을 움직였던 장치들을 이보다 상세히 설명하는 것은 그리 중요하지 않을 것이다. 이보다는 무대에 등장하였던 최초의 기계장치라 할 수 있는 그리스 시대의 마키나의 흔적이 오늘날에도 존재하는가에 대한 대답을 찾고자 한다. 이는 단지 마키나와 동일한 기능을 담당할 수 있는 기계장치의 설치 유무만을 말하는 것이 아니다. 이러한 장치는 분명 그리스 시대 이후에도 존재하였고, 테크놀로지의 발전으로 보다 정교해졌음이 분명하다.

하지만 그리스 시대 이후의 기계장치는 관객에게 단지 오락과 유희를 선사하기 위한 수단으로 전락한 것이 사실이다. 신의 거룩한 기계, 데우스 엑스 마키나가 단순히 관객의 탄성을 자아내기 위한 '거대한 도르래'가 되어 버린 것이다. 그리스 이후의 기계장치는 무대 위에서 단순히 효율성을 발휘해야 하는 무엇이 되어 버리고 본래의 존재 가치가 사라지게 된다. 이는 어쩌면 오늘날의 로봇이 아무런 고민도 없이 무대에 오를 경우 발생할 수 있는 결과일지도 모른다. 이럴 경우 로봇은 탄성과 박수의 대상이 될 수 있겠지만 공연예술의 포기할 수 없는 핵이 되지는 못할 것이 뻔하다. 이제 오늘날의 공연 속에서 결정적인 역할을 담당하게 될 '신의 로봇'을 만들어야 하는 이유가 분명해졌다.

다행스럽게도 20세기 초 무대의 역사 속에서 위와 비슷한 고민을 했던 이들을 찾아볼 수 있다. 20세기 '연출가의 시대'로 접어들면서 몇몇 연출가들은 무대가 지닌 본래의 모습을 되찾기 위해 노력한다. 그중에서 고든 크레이그와 오스카 슐레머를 소개하고자 한다. 고든 크레이그와 오스카 슐레머가 로봇을 직접적으로 언급하지는 않았지만 적어도 로봇의 개념을 무대에 접목시키려던 최초의 연출가들 중 하나이다.

고든 크레이그와 초인형

수많은 기계장치들이 끊임없이 돌고, 환상적 장면들이 관객의 감각을 마비시키던 20세기 초 상업 극장의 모습에서 어딘지 모르게 허전함을 느꼈던 사람이 하나 있었다. 그가 바로 연출가 고든 크레이그(Edward Gordon Craig)이다. 유명 여배우였던 어머니와 건축가이자 연출가였던 아버지의 아들로 태어난 그는 어려서부터 연기를 공부하였다. 하지만 그는 이내 당시의 상업주의 연극에 대하여 반감을 가지게 되었으며 연극예술의 핵심적인 요소를 찾기 위해 노력한다. 그리고 기계의 자동화로 인한 산업사회의 급속한 발전은 앞서 언급한 카렐 차페크와 같이 고든 크레이그에게도 무시하지 못할 영향력을 미치게 된다.

19세기까지만 해도 연출가는 존재하지 않았다. 정확히 말하자면 가장 나이 많은 배우 혹은 극작가가 연출가의 역할을 담당하였다. 하지만 20세기 들어 연출가에 의해 기존의 작품이 재해석되고 이것이 무대 위로 올라가게 된다. 이처럼 연출가의 역할이 확대되어 가는 상황 속에서 고든 크레이그는 배우를 연출가의 표현 도구 중 하나로 파악한다. 하지만 배우도 인간이기에 연출가의 생각을 온전히 담아 표현하기보다는 자의적 혹은 우연적으로 움직일 수밖에 없다. 배우가 감정에 북받쳐 연출의 의도와는 다르게 목소리를 여리게 떨거나 불필요한 제스처를 반복하는 것이다. 이렇게 되면 배우는 작품에 대해 생각할 수 없게 되고 연출가의 의도는 온데간데없이 사라지고 만다. 완벽하게 짜인 형태 속에서 예술이 태어날 수 있다고 생각한 고든 크레이그에게 배우의 이러한 '감정적인' 태도는 자신의 표현 의도를 가로막는 장애물로 인식되었다. 결국 그는 이러한 연극예술의 한계를 뛰어넘을 수 있는 방안으로 초인형(super marionette)의 개념을 탄생시킨다.

초인형이란 개념은 연기자에다 불같은 열정을 더하고 거기에서 이기주의를 뺀 것이라 생각하면 돼요. 여기서 얘기하는 불은 소멸의 고통이 없는 신령과 마력의 불을 이릅니다. 말을 액면 그대로만 이해하는 사람들은 내가 초인형이란 개념을 말할 때 30미터 높이의 나뭇조각 얘기나 하는 줄로 알겠지요.

– 고든 크레이그, 『연극예술론』

연기자는 무대를 비워 줘야 합니다. 그리고 그 자리는 무생물적 물체가 차지하게 될 것입니다. 우리는 그것을 일단 초인형이라고 부르고자 합니다. (중략) 그것이 제대로 대접을 받지 못하고 있는 오늘날, 많은 사람들은 그 인형을 말하자면 발전된 형태의 장난감쯤으로 여기고, 그것이 장난감에서 유래한다고 믿고 있습니다. 그런데 그건 그렇지 않아요. 그 인형은 옛날 사원에 있던 석상의 후예입니다. 지금은 퇴락해 버렸지만 신의 형상입니다.

– 고든 크레이그, 『연극예술론』

‘석상의 후예’, ‘신의 형상’이라는 말은 그리스 극장에 놓여
진 신상과 이를 감싸고 있던 그리스 시민의 제의를 떠올리게
하는 동시에 오늘날 로봇이 무대에 개입할 수 있는 여지를 제
공한다고 볼 수 있다. 그렇지만 주의할 것은 고든 크레이그는
절대 배우가 하나의 물체로 대체되어야 한다고 보지는 않았다
는 점이다. 오히려 그에 따르면 배우는 자신의 한계를 넘어서
기 위해 새로운 동작과 연기술을 보여 주어야 한다. 이처럼 동
작을 중요시했던 그의 곁에는 미국의 무용가인 이사도라 던컨
이 함께 했다. 더 나아가 연출가는 사실주의, 자연주의와 같은
논쟁에 빠지기보다는 오로지 배우의 어느 동작이 필요한 것인
가, 불필요한 것인가에 대하여 고민해야 하며, 배우의 동작이
보여 주는 물리적이고 조형적인 아름다움에서 공연예술의 진
정한 가치를 찾아야 한다
고 보았다. 그렇게 함으로
써 인간과 기계는 초인형
이 보여 줄 수 있는 하나
의 동작을 공유해야 하는
데 이러한 고든 크레이그
의 생각은 바우하우스에
재직하였던 오스카 슐레
머에게서 유사하게 찾아
볼 수 있다.

움직이는 무대를 위한 고든 크레이그의 스케치.

바우하우스와 오스카 슐레머

바우하우스(Bauhaus)는 1919년 건축가 발터 그로피우스(Walter Gropius)가 미술학교와 공예학교를 병합하여 설립한 독일의 조형학교이다. 바우하우스의 교육철학은 건축을 주축으로 삼고 있지만 도시 계획·회화·조각·공업 디자인 등 모든 시각예술 분야에 영향을 미쳤다고 할 수 있다. 바우하우스에서 진행된 수업 과정 중에서 무대예술도 예외는 아니었는데 이는 주로 무용가 오스카 슐레머(Oscar Schlemmer)에 의해 진행되었다. 그의 무대예술에 대한 사상은 『바우하우스의 무대(Die Buehne im Bauhaus)』에 잘 드러난다. 오스카 슐레머는 당시의 시대적 상황을 추상과 기계화로 설명하였으며, 공연을 위한 무대가 시대상의 반영이라고 볼 때 무대예술이 이러한 사회적·역사적 변화상을 간과해서는 안 된다고 주장하였다.

우리들 시대의 징후는 추상이며, (중략) 또 우리들 시대의 징후는 기계화이며 이것은 생활과 예술의 전체 영역에 걸쳐 있으며 머무르지 않는 과정이다. 기계화가 가능한 모든 것은 기계화된다. 그 결과는 기계화가 불가능한 것의 인식이다.
— 오스카 슐레머, 『바우하우스의 무대』

오스카 슐레머는 자신의 예술적 작업을 진행시켜 나가는 과정에서 무용수와 공간 사이에 놓인 상호작용에 초점을 맞추게 된다. 조형적인 아름다움을 지닌 무대라는 공간의 법칙과 생명체로서의 인간이 지닌 법칙은 일정 부분 충돌할 수밖에 없으며 그는 움직임에 추상적 요소를 도입함으로써 이러한 문제를 해결하려고 시도한다. 그럼에도 불구하고 인간의 움직임은 늘 지구의 중력 앞에서 한계를 드러내게 되어 있다. 무용수가 보여 줄 수 있는 회전의 횟수, 도약하여 공중에 머무르는 시간은 늘 제한적이기 때문이다. 이는 고든 크레이그가 언급했던 연극예술의 한계와 맞닿아 있다. 바로 이 지점에서 오스카 슐레머는 로봇과 같은 '기계적인 인공 인물'의 존재를 언급하게 된다. 이러한 로봇들을 통해 인간 무용수가 지닌 한계를 뛰어넘는 조형적 아름다움을 달성하려 한 것이다. 서커스의 기예로도 결코 행할 수 없는 인간의 움직임을 로봇으로 표현할 수 있기 때문이다. 오스카 슐레머가 생각했던 로봇은 앞서 말한 고든 크레이그의 초인형과 유사한 부분이 있으며 실제로도 그는 바우하우스 총서에서 고든 크레이그의 주장을 그대로 인용하기도 한다.

오스카 슐레머는 자신이 꿈꾸는 연극의 속성으로 추상적·형식적·색채적·역동적·기계적·자동적·전기적·체조적·엄숙한·장중한·형이상학적인 면을 들고 있다. 이러한 속성들에서 20세기 초 테크놀로지의 놀라운 발전 속도와 급격한 사회 변화의 흔적을 찾아볼 수 있다. 그는 이러한 사회 변화의 물결을 외면하기보다는 적극 수용하여 연출가의 표현력을 증대시키려 했다. 즉, 자연의 인간과 인공의 로봇을 대비시킴으로써 언

을 수 있는 극적 효과가 이전 시
대의 예술가가 누려 보지 못한 상
상력의 세계를 열어 줄 것이라 믿
었던 것이다.

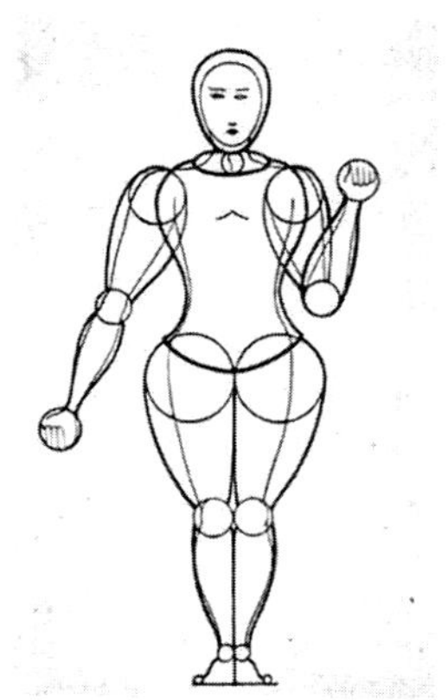

수족이 관절에서 구부러지는 인형.

그러나 오스카 슐레머는 '물질
적인 시대의 실리적인 감각이 유
희와 경이를 위한 진실한 감각을
말살시켰다'라고 표현하면서 로봇
의 무분별한 사용에 대한 경계심
도 늦추지 않는다. 당시 수많은 예
술가들이 테크놀로지의 사용을 마치 완성된 예술 작품의 조건
으로 인식하는 경향이 있었으나 테크놀로지는 새로운 예술 작
품을 만들어 낼 수 있는 전제 조건에 지나지 않는다. 이는 오
늘날의 상황과 크게 다르지 않다. 오스카 슐레머는 로봇이 무
대 위에 서고, 화려한 소리와 빛으로 무대를 채운다고 하여도
인간이 지니는 열정의 매력은 포기할 수 없다고 단언한다. 비
록 그가 기계적인 배우와 무대를 꿈꾸는 것처럼 보일지라도
그도 역시 인간의 휴머니티를 잊지 않았다. 왜냐하면 그에 따
르면 무용수의 기계적인 움직임과 금속성 의상, 인공 인간의
등장이야말로 결코 사라지지 않을 인간적인 것의 아름다움을
표현할 수 있는 또 하나의 수단이기 때문이다. 이는 카렐 차페
크가 추구했던 바와 긴밀하게 연결된다.

고든 크레이그와 오스카 슐레머 외에 20세기 초 다른 연출가들의 주장에서도 로봇의 흔적을 찾아볼 수 있다. 대표적으로 미래파의 기계적인 퍼포먼스와 메이어홀드의 생체역학 연기술을 들 수 있다. 자코모 발라(Giacomo Balla)의 <마키나 디포 그래피카(Machina Dipo Graphica)>에서 무용수는 두 팔로 피스톤 혹은 물레방아 운동을 흉내 내면서 인쇄 기계를 표현한다. 인간의 신체가 기계적으로 움직이는 것이다. 러시아 연출가 메이어홀드는 배우의 동작을 철저하게 분절시킴으로써 각 근육의 움직임이 신체라는 기계의 모터에 의해서 이루어져야 한다고 말하였다.

이들 모두 로봇이라는 구체적 형상물을 염두에 두지는 않았으며, 무대 위에 '무조건' 로봇을 세워야 한다고 주장하지도 않았다. 기계, 무생물체, 초인형 등 다양하게 불린 20세기 초 무대 위의 로봇 개념은 오히려 연출가들이 내세웠던 예술적 목표를 상징한다고 볼 수 있다. 그들이 공연예술의 핵심을 탐구해 나가는 과정 속에서 로봇과 유사한 개념이 형성된 것이며, 당시의 테크놀로지가 기여할 수 있는 바에 대하여 고민한 결과라고 보아야 된다. 그들의 주장과 실천은 기계화·산업화로 대변되는 당시의 사회상을 반영하고 테크놀로지의 도입에 따른 새로운 예술적 표현의 가능성을 담고 있다. 그러니 기계화와 추상, 초인형, 생체역학 연기술, 테크놀로지 등 단어의 외적인 면에서 그치지 않고, 보다 깊숙이 파고들어야 이들의 사상이 오늘날 로봇이 무대에 오르는 현상에 대하여 제공할 수 있는 시사점을 도출할 수 있으리라 본다.

오늘날 테크놀로지의 충격은 약화되었다. 아니, 약화되었다기보다는 테크놀로지의 발전에 대한 인간의 감각이 무뎌진 것이라 할 수 있다. 동시에 오늘날 이룩한 테크놀로지로 인간은 다양한 형태의 로봇을 값싸게 생산할 수 있다. 그리고 언제든지 무대 위에 실제 로봇을 올릴 수도 있다. 그렇다면 오늘날 로봇과 퍼포먼스의 만남은 어떻게 이루어져야 하는 것인가? 지금 이 순간에도 수많은 예술가와 공학자는 머리를 맞대고 위와 같은 질문을 해결하기 위해 노력하고 있다. 하지만 그 전에 20세기 초의 연출가들이 남긴 무대에 대한 진심 어린 목소리에 귀를 기울이는 것도 반드시 필요한 과정이라 생각된다.

무대를 점령하는 로봇

만남의 세 가지 경향

테크놀로지의 비약적인 발전은 고든 크레이그가 꿈꾸어 왔던 초인형을 실현시켜 줄 수 있을 정도에 이르렀다. 앞서 보았듯이 그가 꿈꾸어 왔던 로봇은 분명 배우의 일을 대체할 수 있는 기계 그 이상이다. 또한 무대를 보다 화려하게 장식해 줄 수 있는 소품 그 이상이다. 그렇다면 아직까지 고든 크레이그의 꿈을 실현시켜 줄 로봇은 등장하지 않은 듯싶다. 아니, 어쩌면 테크놀로지의 놀라운 발전에도 불구하고 예술가의 꿈은 늘 멀리 달아나므로 그러한 로봇은 영원히 등장하지 않을 수도 있다. 그럼에도 불구하고 연출가와 예술가가 로봇의 개념에 기대어 자신의 상상력을 펼치고 표현력을 증대시킨 세계 곳곳의 실험들을 소개하고자 한다. 구체적으로 아래와 같이 세 부분으로 나누어 보았다.

첫 번째 부분은 '춤추는 로봇'이다. 로봇이 직접 무대에 등장하여 배우와 무용수의 역할을 담당하게 된다. 로봇과 퍼포먼스의 만남이라고 할 때 가장 쉽게 떠올릴 수 있는 경우이다. 아직까지는 기술적 한계로 인하여 완벽한 무용수의 모습을 띠지 않지만 차차 발전해 가리라 믿는다.

두 번째 부분은 '일하는 배우'이다. 배우에게 직접 로봇의 속성을 담는 경우이다. 배우는 일종의 사이보그가 되어 무대를 활보하게 된다. 이러한 배우를 로봇으로 보기 어려울 수 있겠지만 로봇의 개념이 끊임없이 확장되어 가는 상황 속에서 이와 같은 실험의 영역을 살펴보는 것도 분명 의미가 있다.

사실 첫 번째 부분과 두 번째 부분은 긴밀하게 연결된다. 20세기 초 독일의 바우하우스, 이탈리아의 미래파, 러시아의 메이어홀드를 중심으로 배우와 무용수의 동작에 기계적인 속성을 담으려는 시도가 있었다. 하지만 테크놀로지의 한계로 인해 실제 작동되는 기계적 로봇은 등장하지 못 한다. '일하는 배우'의 개념이 이들로부터 출현하게 되고 1960년대 테크놀로지의 발전으로 로봇이 본격적으로 등장하게 되면서 '춤추는 로봇'의 사례들이 나오고 있는 셈이다.

세 번째 부분은 '말하는 무대'이다. 무대 자체가 하나의 거대한 로봇이 되는 경우이다. 앞의 두 영역이 배우의 측면에서 접근한 로봇이었다면 이 영역은 무대의 측면에서 접근한 로봇이다. 이전까지 관객에게 환상을 심어 주기 위해서 존재하던 복잡한 무대장치들이 하나의 메시지로 탈바꿈한다. 움직이는 무대를 상상했던 고든 크레이그의 생각은 테크놀로지의 한계로 인하여 1960년대 들어서도 실현되지 못 하고 몇 번의 실험적 무대만이 등장한다. 하지만 오늘날에는 무대가 하나의 로봇으로써 시시각각 자동적으로 움직이며 관객에게 직접 의미를 전달할 수 있는 단계에 이르렀다.

위의 실험들은 다양한 장르에서 이루어졌으며 각각의 사례 속에 등장하는 로봇의 형태 또한 매우 다르다. 생산품으로서의 로봇, 예술적 작품으로서의 로봇, 개념으로서의 로봇 등 단순히 퍼포먼스 혹은 무대의 기준만으로 묶기에는 어려운 측면도 분명 있다. 이와 관련하여 에두아르도 카츠(Eduardo Kac)는 로보틱 아트에 대한 어려움으로 몇 가지를 들고 있다. 우선 로봇이 과연 무엇인가 하는 근본적인 정의를 내리기가 어려울 뿐더러 예술에서의 로봇은 늘 과학적·산업적 측면에서의 로봇의 정의와 충돌하게 된다. 로봇이 무대의 세계로 진입할 때 쉽지 않은 것도 바로 이 때문이다. 그에 따르면 로봇에 관심을 가지는 예술가 혹은 연출가는 로봇의 신화적 의미, 어원적 의미, 산업적 의미를 동시에 고려해야 하며 결국에는 각자 고유의 방식으로 로봇 개념에 접근하게 된다. 어떠한 미디어와 시스템, 구체적 외관, 사회적 맥락을 취할지는 연출가 개인의 몫인 셈이다. 로보틱 아트와 로봇 퍼포먼스를 정의하기에는 아직 이를지도 모른다. 하지만 앞으로 살펴볼 사례들처럼 지난한 실험의 과정을 거치다 보면 그 명칭이 무엇이 되었든 관객의 눈앞에 전혀 새로운 형태의 공연이 펼쳐지리라 생각한다. 그리고 그 중심에 로봇들이 서 있을 것이다.

춤추는 로봇: 기계의 인간화

안녕하세요, 저는 로봇입니다 — 엘렉트로와 링컨

카렐 차페크의 희곡에서는 실제 배우들이 로봇의 움직임을 흉내 내었으며, 오스카 슐레머의 무용 작품에서도 무용수가 금속성 느낌의 의상을 입고 로봇이 보여 줄 법한 절제된 안무 동작을 보여 주었다. 그 이후 실제 로봇이 관객 앞에서 움직임을 보여 주기까지는 꽤나 많은 시간을 기다려야 했다. 드디어 1939년 뉴욕 월드 페어(New York World's Fair)에서 140킬로그램의 로봇이 관객을 향해 인사를 하게 된다. 세계 박람회인 뉴욕 월드 페어를 통해 미국은 자국의 테크놀로지의 우위를 과시하였는데 이때 대중에게 소개된 로봇은 모토맨(the Moto-Man)으로 알려지기도 한 엘렉트로(Elektro)와 그의 애완견 스파코(Sparko)이다. 비록 수많은 모터를 달고 정말 단순한 움직임을 보여 주었지만 담배를 피우는 모습을 포함하여 26가지의 간단한 임무를 수행할 수 있었다. 엘렉트로야말로 배우가 되고자 했던 첫 로봇인 셈이다. 물론 엘렉트로는 완벽하게 자동화된 로봇은 아니었다. 그가 구사했던 말은 미리 녹음되어 있었으며 움직

엘렉트로와 스파코.

임 또한 외부에서 조작해야 했다. 그럼에도 불구하고 기계가 사람처럼 움직이고 말을 할 수 있다는 것이 당시 사람들에게는 놀라움 그 자체였다. 뉴욕에서 첫선을 보인 이후 엘렉트로와 스파코는 전국 각지를 순회하며 관객들의 사랑과 관심을 받았다. 하지만 다른 로봇들, 특히 개인용 장난감 로봇들이 등장하면서 그들은 차차 기억 속에서 사라지게 된다. 수십 년 후 우연히 발견된 엘렉트로의 유골, 즉 부속품으로 엘렉트로를 재조립하려는 움직임도 있었다고 하니 왕년의 스타였음은 틀림없던 것 같다.

테크놀로지의 발전은 늘 상업성과 결부되는데 로봇 테크놀로지 또한 자연스럽게 테마파크로 입성하게 된다. 1964년 뉴욕 월드 페어에서는 월트 디즈니의 링컨 로봇이 소개된다. 월트 디즈니는 자신이 어렸을 때부터 링컨에게 큰 감명을 받았다고 고백하면서 그의 모습을 로봇을 통해 재연하고자 하였다. 링컨 로봇은 그 당시 상당히 발전된 형태의 휴머노이드형 로봇이었다. 다음 해부터 링컨 로봇은 디즈니랜드 안에서 진행되었던 공연인 <링컨과의 소중한 시간(Great Moments with Mr. Lincoln)>의 피날레를 장식하게 된다. 단순히 자리에서 일어나

디즈니랜드의 링컨 로봇.

두 팔을 흔드는 로봇이었지만 당시 디즈니랜드를 찾은 관람객에게 안겨주었을 놀라움을 상상해 볼 수 있다. 그 이후 세 차례에 걸쳐 기능과 외관이 개선되었지만 로봇을 바라보는 눈이 한층 높아진 관람객에게 초연의 충격을 다시 안겨주기란 쉽지 않아 보인다.

로봇 친구의 죽음 – 백남준과 로봇 K-456

링컨 로봇이 대중에게 첫 선을 보인 1964년 백남준은 전혀 다른 느낌의 로봇 K-456과 함께 거리를 누볐다. 상업적인 완성도를 지닌 로봇을 무대에 올리려는 노력과 함께 로봇을 통해 작가의 메시지를 전달하려는 노력도 존재하였다. 백남준을 대표적인 작가로 들 수 있는데 로봇의 형태를 띤 그의 많은 작품들 중에서 실제 퍼포먼스를 행하기도 했던 로봇 K-456에 대해서 잠시 언급하고자 한다. 백남준이 일본에서 만난 슈야 아베(Shuya Abe)와 함께 만들어 낸 로봇 K-456의 이름은 모차르트의 피아노 협주곡 456번(Köchel's number 456)에서 따왔다. 그의 첫 로봇인 K-456은 1980년대 이후 백남준이 만들어 낸 로봇의 형상을 한 작품들과는 다르다. 그의 후기 작품들은 실제로 움직이지 않는, TV라는 미디어를 이용한 로봇 조각에 가깝다고 할 수 있다. 하지만 로봇 K-456은 원격 조정을 통해 앞으로 나아가기도 하고, 상대방에게 케네디 대통령의 취임식 연설을 들려주기도 하였다. 무엇보다 재미있는 것은 인간처럼 콩을 배설물로 내놓기도 하였다. 백남준은 이 다재다능한 로봇을 샬롯 무어만과 함께 참여한 1964년 제2회 뉴욕 아방가르드 페스티벌에서 처음 선보인다. 슈야 아베와 만들 당시 2,400달러 정도 들었다고 하니 백남준이 얼마나 이 로봇에 애착을 가졌을지 짐작해 볼 수 있다. 물론 백남준은 한때 로봇의 비싼 양육비를 감당하지 못해 누군가에게 '입양'시키려 노력한 적도 있다.

백남준은 1965년 11월에 열린 개인전 <전자예술(Electronic Art)>을 위해 로봇 K-456을 재조립하였으며 이후 그의 개인전에서는 빠지지 않는 작품이 된다. 하지만 백남준과 늘 함께 했던 친구, 로봇 K-456의 이름이

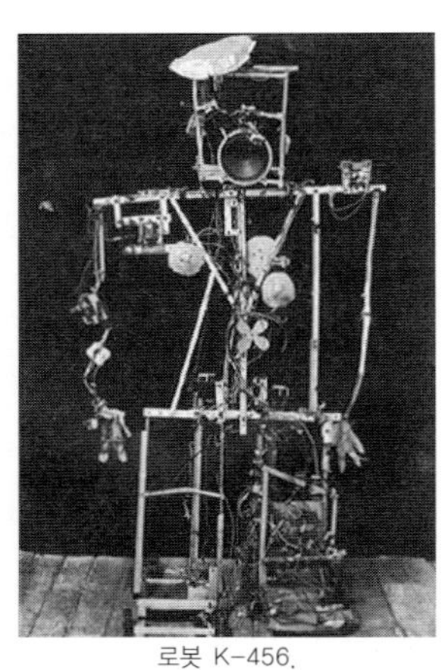

로봇 K-456.

널리 알려지게 된 계기는 정작 그의 드라마틱한 '죽음'의 순간이었다. 1982년 백남준은 휘트니 미술관 앞에서 로봇 K-456의 죽음을 준비한다. 동료 예술가 빌 아나스타시(Bill Anastasi)가 몰던 차에 로봇 K-456이 치이는 해프닝을 연출한 것이다. 이 퍼포먼스는 <21세기 최초의 사고(The First Catastrophe of the Twenty-First Century)>로 명명되었고, 방송국의 촬영팀이 로봇의 죽음을 카메라에 담아내었다. 그의 잔해는 바로 휘트니 미술관으로 옮겨져 전시되기도 하였다.

백남준은 왜 20년을 함께한 친구를 죽였을까? 백남준처럼 다양한 미디어로 작업을 했던 예술가의 의도를 명확하게 파악하기란 쉽지 않지만 적어도 그는 이 짧은 퍼포먼스를 통해 로봇 K-456을 '인간화'했다. 로봇 K-456의 죽음을 단순히 테크놀로지에 대한 저항으로 볼 수도 있다. 하지만 백남준의 퍼포먼스는 테크놀로지의 산물인 로봇에 대한 저항의식에서 그치지 않는다. 그의 퍼포먼스를 통해 로봇도 비로소 죽을 수 있게

로봇 K-456의 죽음.

된다. 인간이 두려워한 나머지 로봇을 죽인 것이 아니라 로봇이 스스로 죽음을 맞이하게 된 것이다. 자신의 오랜 친구였던 로봇의 죽음을 목도할 수밖에 없었던 백남준의 극적 장치를 통해 테크놀로지와 사회, 그리고 로봇에 대한 그의 깊은 철학을 읽을 수 있다.

로봇들의 전쟁 – 마크 폴린과 SRL

백남준은 로봇을 통해 퍼포먼스를 벌이고 의미를 전달하려 했던 제1세대 작가이다. 그 외에도 니콜라스 쇠페르와 같은 예술가들이 로봇의 개념과 형태를 이용하여 다양한 작품을 선보였지만 대부분 전시 작품에 머물렀다. 물론 제1세대의 작품들도 스스로 움직이거나(kinetic) 관객과 상호작용(interactive)하였지만 무대 위에 로봇이 본격적으로 등장하기에는 테크놀로지가 충분히 발전되지 못했다. 하지만 산업적인 측면에서 로봇의 진화는 계속 진행되고 있었고, 1970년대 들어 마크 폴린(Mark Pauline)과 스텔락(Stelarc)을 중심으로 한 제2세대 작가군이 생겨난다. 그들은 이전보다 진화된 형태의 로봇을 소개한다. 스텔락의 사례는 개념적으로 '일하는 배우'에 가깝기 때문에 다음 장에서 설명하겠다.

1978년 마크 폴린은 SRL(Survival Research Laboratory)을 설립하게 되는데 이들의 모토는 '지구 상에서 가장 무서운 쇼를 만들어내는 것(Producing the most dangerous shows on earth)'이다. 그리고 이들의 목적은 테크놀로지와 기계, 그리고 과학과 군수산업이 지니는

〈Machine Sex〉.

온갖 권위를 전복시킴으로써 새로운 의미를 창출하는 것이다. 과정을 보자면 마크 폴린의 SRL은 '최소의 시간'으로 '최대의 에너지'를 방출한다. 그러므로 이들이 보여 주는 퍼포먼스는 그야말로 로봇들이 벌이는 살벌한 전쟁의 현장이다.

SRL은 1979년 샌프란시스코에서 첫 퍼포먼스 <Machine Sex>를 보여 준 이후 40여 개의 공연과 설치 작업을 선보였는데 그중 1997년 <공학적 인공물의 예기치 않은 파괴(The Unexpected Destruction of Elaborately Engineered Artifacts)>라는 이름으로 보여 주었던 충돌의 현장은 다음과 같다. 공터에 거대한 구조물이 세워지고 여기저기 테슬라 코일을 내뿜는다. 빅암(Big Arm) 로봇은 모터사이클을 들어 올리고 동물의 머리 가죽을 이어 만든 트라이앵글헤드(Triangle Heads) 로봇도 등장한다. 보잉기 엔진에서는 화염이 계속해서 뿜어져 나오고 어느새 거대한 구조물은 로봇들의 공격을 받아 와르르 무너진다. 서브저게이터(Subjugator) 로봇은 죽은 소의 시체를 갈기갈기 찢어 놓

<The Unexpected Desturction of Elaborately Engineered
Artifacts>.

는다. 이외에도 군사 장비와 산업 장비의 폐기물들로 만든 크
고 작은 로봇들이 공터를 누비고 다닌다. 이는 마치 로봇들의
세계 대전 혹은 충격적인 살상의 현장으로 보인다.

　SRL의 로봇들이 만들어 내는 혼돈의 장면에는 결코 원인도
없으며 상황 간의 인관관계도 드러나지 않는다. 그들은 단지
해프닝을 벌일 뿐이다. <공학적 인공물의 예기치 않은 파괴>
는 어쩌면 백남준이 보여 준 퍼포먼스의 확대판일 수도 있다.
백남준처럼 마크 폴린도 로봇들의 전쟁을 통해 사회적 이슈를
제시하고 있다. 즉, 사회 구조 속에서 이데올로기의 조종, 폭
력의 남용, 그리고 테크놀로지 지배 상황을 비틀고 꼬집는다.
물론 SRL이 전면에 내세우는 첫 번째 요소는 무엇보다 '쇼'적
인 엔터테인먼트이다.

　안전상의 문제에 있어서 SRL은 매우 엄격한 규칙을 적용하
고 있는데 무대가 되는 공터 안으로 관객이 절대 입장할 수

없도록 구조물을 설치하며, 오직 스태프만 입장 가능하다. 또한 모든 르봇들은 비상용 전원 스위치를 가지고 있어 만약의 상황에 대비하게 된다. 스태프는 언제나 소화기를 지참하고 있고, 관객에게는 갑작스런 소음에 대비하기 위한 귀마개가 지급된다. 이 정도만 보아도 그들의 퍼포먼스가 얼마나 과격한지를 짐작할 수 있게 해 준다.

로봇 부족의 하루 ― 치코 맥머티와 ARW

마크 폴린과 SRL이 다소 과격하게 느껴지는 로봇들의 전쟁을 보여 주었다면 치코 맥머티(Chico MacMurtie)는 상대적으로 평화로운 로봇 부족의 하루를 보여 준다. 마크 폴린이 제2세대 작가에 속한다면 치코 맥머티는 그 다음 세대에 속하는 작가로써 1990년대부터 활발하게 활동하기 시작한다. 그는 예술가로써 예전보다 월등하게 접근 가능성이 높아진 테크놀로지의 영역을 활용하여 보다 다양한 로봇들의 형상을 창조해 내고 있다. 마크 폴린의 SRL처럼 치코 맥머티가 이끄는 ARW (Amorphic Robot Works)의 존재는 스케일이 결코 작지 않은 그의 예술적 작업이 가능할 수 있었던 또 하나의 원동력이기도 하다.

1961년 미국 뉴멕시코에서 태어난 치코 맥머티는 UCLA에서 예술학 석사 학위를 받았으며 1989년 이후 20개국을 넘나들며 전시와 공연, 공공 미술 프로젝트를 진행했다. 특히 1991년에는 예술가와 공학자로 이루어진 창작 집단인 ARW를 설립하여 이들과 함께 250개가 넘는 인간형 로봇과 무정형 로봇을 만들어 왔다. 전 세계 60여 명의 예술가, 공학자, 프로그래머로 이루어져 있는 ARW는 현재 뉴욕 브루클린을 중심으로 다양한 프로젝트를 진행하는 중이다.

치코 맥머티가 로봇을 활용하여 선보인 다양한 작품 중에서도 공연의 형태로 이루어졌던 작품 하나를 소개하겠다. 2000년에 선보인 <The Ancestral Path through the Amorphic Landscape>는 100명이 넘는 로봇들이 등장하는 대형 설치 작품이자 공연이다. 이 작품에서 치코 맥머티는 1992년 <로봇 오페라(Robotic Opera)>에서 보여 주었던 연주하는 로봇들을 포함하여 ARW가 이제까지 제작해 온 로봇들을 총집결시킨다. 하나의 거대한 로봇 부족을 형성한 셈이다.

가로 20미터, 세로 6미터, 높이 5미터의 공간 안에 100명의 로봇들이 등장하여 각종 사운드와 움직임을 관객에게 선사한다. 이 100명의 배우들 외에도 무대(landscape) 자체가 9개의 리프트 장치를 통해 지속적으로 움직인다. 시간에 따라 공간 혹은 형태를 변형시킴으로써 의미를 부여하는 것은 치코 맥머티의 작품을 관통하는 테마이기도 하다. 특히 이 작품에서 움직이는 무대는 100명의 로봇 군상이 보여 주는 퍼포먼스의 내러티브를 보완하는 역할을 하기도 한다. 자칫 로봇들의 단체 쇼처럼 보일 수 있는 공연에서 주제의 큰 줄기를 제시하는 것이다. 한 시간 가까이 되는 공연 안에서 스스로 움직이는 무대는 지구의 형성을, 이후 등장하는 로봇들은 생명의 탄생과 진화를 의미한다. 100명의 로봇들은 실로폰, 드럼, 양철통 등을 두

〈The Ar cestral Path through the Amorphic Landscape〉의 전체 무대.

들기며 내는 사운드로 서로 소통하는 법을 배우기 시작하고, 하나의 움직임으로 일상적인 삶을 표현한다. 하지만 그들은 어떠한 행의를 지속적으로 반복하면서도 자신의 목표를 달성하지 못 한다. 예를 들어 텀블링 맨(Tumbling Man) 로봇은 계속해서 앞구르기를 시도한다. 그는 일어서기 위해 안간힘을 써 보지만 결국 성공하지 못한다.

바로 여기에서 작가의 의도가 엿보인다. 100명의 로봇은 두드리고, 구르고, 때리고, 오르고, 내리는 인간의 원시적인 행동을 모방함으로써 인간이라는 존재에 대하여 관객에게 역으로 질문하고 있는 셈이다. 같은 인간이 아닌 로봇들이 보여 주는 우스꽝스러운 행동에 대해 관객들은 처음에는 웃으면서 보지만 차차 로봇들의 행동들이 상징하는 바를 알아채게 된다.

치코 맥머티는 로봇이 인간의 행위를 어느 수준까지 완벽하게 재현할 수 있는가에 관심을 두지 않는다. 그건 공학자의 관심일 수는 있으나 예술가에게는 관심 밖이다. 치코 맥머티의 작업은 애초부터 인간의 움직임(movement)과 조건(human condition)에 대한 탐구에서 시작된다. 그는 인간이 섭취하는 에너지원과 그로 인해 움직이는 근육에 관심을 가지다가 인간과 로봇의 유사성을 발견한다. 그리고 20세기 중반부터 일상생활에 침투해 오기 시작한 기계 혹은 로봇이라는 도구를 집어 든다. 그에게 있어 로봇은 단순히 자신의 의도와 생각을 전달하기 위한 수단이다. 이런 이유로 그는 인터뷰를 통해 자신의 작품이 로봇이 아니라 움직이는 조각(moving sculpture)이라고 밝힌 바 있다. 다시 말해 그는 산업적이거나 상업적인 로봇의 '생산'에 관여하는 것이 아니라 로봇 형태를 빌려 하나의 예술 작품을 '창조'하는 것이다. 그렇기 때문에 로봇이라는 형태가 아니라 상징에 주목해야 그의 작품을 올바로 이해할 수 있을 것이다. 스티브 딕슨이 지적한 바와 같이 로봇과 퍼포먼스에 대한 그의 접근은 오스카 슐레머 혹은 고든 크레이그의 주장과 밀접하게 연결된다. 어쩌면 치코 맥머티는 100년 전 위대한 연출가들의 생각을 무대 위로 끌어내리는 중일지도 모른다는 생각이 든다. 테크놀로지는 그의 작업 안에서 가장 중요한 역할을 담당하면서도 가장 결정적인 요소는 아님을 기억해야 한다.

아바타의 배우 신고식 ― 수잔 브로드허스트와 예레미야

2001년 런던의 291 갤러리에서 아바타 예레미야(Jeremiah)가 배우 신고식을 치른다. 예레미야의 데뷔작 <Blue Bloodshot Flowers>는 하나의 실험적인 공연으로 영국 브루넬 대학의 예술가와 과학자가 만나서 이루어 낸 성과이다. 극 중에서 인공지능 아바타인 예레미야는 여배우 엘로디(Elodie Berland)와 연기 앙상블을 펼친다.

아바타 예레미야를 무대에 세우기까지 브루넬 예술대학 교수이자 연출가인 수잔 브로드허스트(Susan Broadhurst)는 깊은 고민의 시간을 거쳤다. 그는 테크놀로지가 무대에 도입되면서 무대 공간의 성격이 확연하게 변화했다고 본다. 긴 역사 속에서 무대라는 공간이 탄생하고, 사람들의 퍼포먼스가 처음 시작되었을 때부터 테크놀로지는 늘 무대 곁에 머물러 왔지만 20세기 테크놀로지의 산물들이 쏟아져 나오기 시작하면서 사람들은 과연 이를 무대에 어떻게 접목시켜야 할지 진지하게 고민하기 시작한 것이다. 이런 가운데 수잔 브로드허스트는 자신의 작품 속에서 가상의 아바타를 무대 위에 등장시키는 의미를 강조한다.

예레미야는 사람을 감시하는 시스템을 변형시키면서 탄생되었다. 사람의 움직임을 감지하여 움직임을 기록하는 감시 카메라가 배우로 변한 셈이다. 예레미야는 크게 두 가지 시스템으로 구성된다. 첫째, 그래픽 시스템이다. 무대에는 아바타의 전신이 아닌 얼굴만 올라가기 때문에 섬세한 표정의 구현이 관건이다. 지오페이스(Geoface) 소프트웨어를 바탕으로 하여 제작된 예레미야의 얼굴은 기쁨·슬픔·화남·놀람 4가지 감정

엘로디와 예레미야.

을 표현할 수 있다. 감시 시스템과 달라진 점이 있다면 예레미야는 관객의 표정을 인지하여 반응하기도 하지만 동시에 관객의 반응과 상관없이 표정을 짓기도 하여 극의 흐름을 주도하기도 한다. 수잔 브로드허스트는 이러한 '카오스'적인 프로그래밍이 공연 예술에 줄 수 있는 의미를 강조한다. 즉, 디지털 테크놀로지의 발전으로 인하여 무대 위 아바타는 한 명의 즉흥극 배우가 될 수 있다. 예레미야 스스로 표정을 결정하여 극의 흐름을 주도하게 되고 이는 분명 무대 위에 단순히 아바타의 그래픽 영상을 도입하는 것과 다르다. 이러한 프로그래밍을 통해 아바타 예레미야는 여타 즉흥적 퍼포먼스를 하는 예술가들처럼 매번 퍼포먼스를 재생산(reproduced)할 수는 있지만 똑같이 재현(represented)하진 않는다. 두 번째 시스템은 비전 시스템이다. 이를 통해 예레미야는 멀리 있는 사람과 가까이 있는 사람을 다르게 인식할 수 있다. 그리고 사람과의 거리에 맞

엘로디와 예레미야.

추어 자신의 고개의 각도를 조정하게 된다.

<Blue Bloodshot Flowers>의 의의는 하나의 멋진 그래픽을 무대 위에 등장시킨 것이 아니라 아바타라고 하는 디지털 테크놀로지의 구현물을 무대 위에서 하나의 능동적인 주체로 만들어 냈다는 데에 있다. 예레미야는 스태프의 큐에 맞추어 등장하는 그래픽 영상이 아니라 스스로 인식하고 판단하고 감정을 표출할 수 있는 아바타 배우이다. 수잔 브로드허스트에 따르면 제작 과정에 있어 사람과 똑같은 표정을 지을 수 있는 아바타의 구현이 기술적인 축이었다면 또 다른 축은 그러한 아바타가 공연예술에 줄 수 있는 예술적·미학적 의미를 찾는 것이었다.

가정부 로봇의 파업 － 히타라 오리자와 와카마루

일본은 현재 휴머노이드형 로봇 연구에 있어 선두 주자의 역할을 담당하고 있다. 로봇을 공연에 접목시키는 것은 물론 가정·교육·산업 등 다양한 분야에서 활용하고 있다. 이처럼 로봇 산업이 일본에서 상업적으로 성공한 이유에 대해서 스티브 딕슨(Steve Dixon)은 일본과 서양의 문화적 차이를 들어 설명한다. 1950년대의 아톰을 시작으로 일본 만화는 로봇의 친근한 이미지를 끊임없이 재생산하였다. 이러한 문화적 환경이 휴머노이드형 로봇의 개발을 촉진시켜 왔으며 디자인과 인터페이스 또한 매우 인간 친화적이다. 결과적으로 로봇을 무대 위에 세우는 데 있어서도 유럽과 미국에 비해 적극적이게 되었다. 이에 반해 유럽과 미국에서 로봇은 인간의 영역을 위협하는 존재로 종종 여겨져 왔으며 그 예로 <2001 스페이스 오디세이>의 할(HAL 9000)과 <블레이드 러너>의 리플리컨트(replicants)를 들 수 있다. 스티브 딕슨의 주장이 다소 과장된 측면도 있지만 일본의 로봇 산업이 세계적인 위치에 서 있는 것만은 사실이다.

세계에서 가장 규모가 큰 로봇 박람회로 일본의 로보덱스(Robodex)를 꼽을 수 있는데 로보덱스를 통해 수많은 로봇들이 소개되었다. 대표적으로 세이코 엡손(Seiko Epson)의 무슈 II-P(Monsieur II-P), 소니의 SRD-4X, 혼다의 아시모(Asimo)를 들 수 있다. 이들을 보고 있으면 로봇의 성공 조건이 외모가 아님을 알 수 있다. 이는 사람의 경우와 다르지 않다. 호감을 주는 디자인, 유선형의 날렵한 디자인은 보기에 좋을지 모르지만 인간과 함께 살아나가야 하는 로봇에게 가장 중요한 요소는 아니다. 결국 로봇의 성공 요소는 움직임이다. 움직임이 인간의 그것과 닮을 필요도 없다. 단지 인간과의 상호 교감을 이룰 수 있는 움직임이 필요하다. 인간을 따라오되 바싹 붙어선 안 되고, 인간을 쳐다보되 째려봐서는 안 되고, 인간의 일을 도와주되 방해허서는 안 된다. 앞으로 로봇이 인간과 살아가야 한다면 이러한 요소의 구현이 필수적이다. 로봇과 인간의 밀접

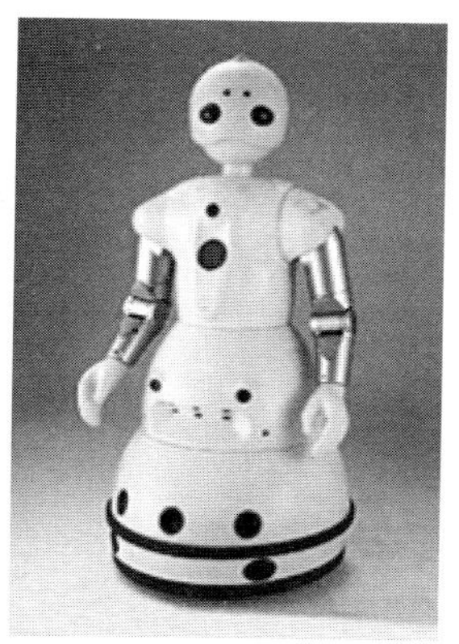

미쓰비시 중공업의 로봇 와카마루.

한 상호작용을 시험할 수 있는 곳이 바로 무대다. 소품이 아닌 배우로써 로봇을 무대에 세우는 것이다. 재빠른 일본 기업은 이미 이와 같은 작업에 착수하였다. 최근 미쓰비시 중공업의 휴머노이드형 로봇 와카마루(Wakamaru)가 히라타 오리자의 연극에 출연한 것이다. 그렇다면 와카마루는 어떤 로봇인가?

와카마루는 일본 헤이안 시대의 장군이었던 미나모토노 요시츠네라는 장군의 아호인 우시와카마루(Ushiwakamaru)에서 따왔다. 이는 성장과 발전을 의미한다고 한다. 와카마루의 기능을 크게 3가지로 나누어 볼 수 있다.

첫째, 와카마루는 사람과 눈으로 이야기한다. 와카마루는 화자의 얼굴과 목소리를 인식할 수 있으며 최고 100명까지의 얼굴을 기억한다. 만약 누군가 와카마루에게 말을 건다면 그의 몸은 자연스럽게 사람을 향하게 되고, 시선까지 맞출 수 있다.

이는 인터랙티브 보이스 테크놀로지(Interactive Voice Technology)로 가능하며 음성인식 테크놀로지에 기반을 둔다. 하지만 아직까지 한계가 있어 와카마루는 전체 문장이 아닌 개별 단어를 인식한다. 이마저도 미리 프로그래밍 되어 있지 않는 단어는 인식하지 못 하는 어려움이 있다. 하지만 이는 와카마루만의 한계는 아니며 음성인식 기술의 발전에 따라 점진적으로 해소되리라 본다.

사람과 시선을 맞출 수 있게 해주는 아이 콘택트 테크놀로지(Eye Contact Technology)는 와카마루의 머리 위에 달린 두 대의 카메라로 실현되었다. 전면 카메라 외에 머리 꼭대기에도 360도의 환경을 인식할 수 있는 카메라가 장착된다. 전면 카메라가 소리 나는 곳으로 향하여 사람의 얼굴을 인식하는 동안 머리 위의 카메라는 주변 상황을 계속해서 감지하게 된다. 와카마루의 키는 1미터 정도로 보통의 사람보다 작다. 그러므로 이 카메라를 통해 고개를 좌우로 흔드는 것은 물론 상하로 움직일 수도 있다. 이제 화자의 위치를 향해 시선까지 맞추었다면 그 혹은 그녀가 누구인지 구분해야 한다. 얼굴인식 테크놀로지(Face Recognition Technology)는 신체 부위에서 얼굴의 위치를 인식한 후 다른 사람의 얼굴과 구분하는 데 필요한 요소를 추출한다. 이러한 요소는 미리 프로그래밍 되어 있다. 이러한 과정이 끝나면 와카마루가 이미 가지고 있는 데이터베이스와 비교하게 된다. 즉, 지금 보고 있는 사람이 처음 보는 사람인지 아닌지를 구분하는 것이다.

둘째, 와카마루는 자유롭다. 와카마루는 전원을 켜야 작동되는 전자기기가 아니며, 주인의 명령을 받아야 움직이는 수동적인 로봇도 아니다. 사람의 생활 리듬에 맞추어 와카마루의 활동 시간과 영역을 미리 설정할 수 있다. 만약 설정해 놓지 않으면 와카마루는 낮에는 사람을 쫓아다니고 밤에는 충전소에 가서 스스로 '잠'을 자게 된다. 그렇다고 와카마루가 무작정 집 안을 헤매고 다니지 않는다. 벽에 붙여 놓은 마커를 통해 특정 영역으로의 진입을 제한할 수 있기 때문이다.

셋째, 와카마루는 움직이는 인터넷이다. 네트워크 기능을 통해 날씨와 뉴스를 지속적으로 업데이트한다. 또한 인터넷과 핸드폰을 통해 와카마루를 원격조종하여 원하는 이미지를 촬영할 수도 있다.

이중에서 무대 위에서 가장 빛을 발휘할 와카마루의 기능은 단연 첫 번째와 두 번째 기능일 것이다. 자연스러운 시선 처리와 동선의 확보는 모든 배우에게 요구되는 자질이기 때문이다. 이처럼 와카마루는 무대 위에 오를 준비가 된 로봇이다. 와카마루의 데뷔 무대를 성공리에 이끈 히라타 오리자는 오사카 대학교의 커뮤니케이션 디자인학과 교수이면서 '조용한 연극'으로 일본 현대 연극을 이끌어 가는 극작가 겸 연출가이다. 그는 이미 <과학하는 마음>에서 실험실 연구원들의 잔잔한 일상과 소소한 수다를 통해 과학과 인간에 대한 성찰을 담아낸 적이 있다. <과학하는 마음>은 국내에서도 여러 차례 상연되었다.

〈I, Worker〉의 한 장면.

　　히라타 오리자의 로봇 연극 <I, Worker>에서는 모모코와
다케오라는 이름으로 두 대의 와카마루가 등장한다. 이들은
극중에서도 가정부 로봇으로 등장하며, 이야기는 가정부 로봇
이 일할 의욕을 잃으면서 시작된다. 이제는 인간이 아닌 로봇
들이 반복되고 지루한 집안일에 싫증이 난 것이다. 2008년 11
월에 있었던 첫 공연에서 모모코와 다케오는 20분 동안 희곡
의 대사를 주고받으며 맡은 배역을 훌륭하게 소화해 냈다고
한다. 비록 시범 공연이었지만 곧 정식 공연으로 관객을 찾을
예정이다. 이들도 연습 과정이 필요했을까? 그렇다. 모모코와
다케오는 여느 배우들처럼 약 두 달 동안 배우 훈련을 받았다.
물론 오사카 대학교에서 준비한 특별 소프트웨어를 통해서 이
루어졌지만 말이다.

일하는 배우: 인간의 기계화

식지 않는 실험 정신 — 스텔락

로봇이 끊임없이 인간을 닮아 가고 있다면 인간은 그 반대로 기계를 닮아 간다. 이러한 현상은 사이보그의 개념과 맞닿게 되는데 사이보그란 '인공지능을 가진 조직체'를 뜻한다. 다시 말해, 기계적 모델에 따라 제작된 사이보그는 인간의 신체가 연장된 형태라 할 수 있다. 영국의 케빈 워릭(Kevin Warwick) 교수는 두 차례의 실험을 통해 직접 사이보그가 되려고 하였다. 그의 실험은 사이보그를 언급할 때 빠지지 않고 등장한다. 케빈 워릭이 철저하게 과학자의 입장에서 접근한 반면 스텔락(Stelarc, Stelios Arcadiou)은 예술가의 입장에서 사이보그 개념을 연구한다. 그는 1970년대 로보틱 아트의 선구자 역할을 하였으며 현재까지 신체에 결합되는 로봇과 사이보그의 개념에 집중하고 있다.

영국 브루넬 예술대학에 교수로 재직 중인 스텔락은 1982년 도쿄에서 자신의 오른쪽 손에 로봇의 팔을 달고 선보인 퍼포먼스 <제3의 손(The Third Hand)>을 통해 세계의 주목을 받게 된다. 이후 1986년 휴스턴, 1990년 멜버른에서 계속해서 선보이면서 '손'의 성능은 계속해서 진화하고 있다. 스텔락의 <제3의 손>은 배 근육과 다리 근육의 활동전위를 기록하는 근전도(EMG)에 의해 작동된다. 배와 다리의 근육 운동이 그의 로봇 팔을 움직이게 만드는 것이다. 이 팔은 기존의 의수족과

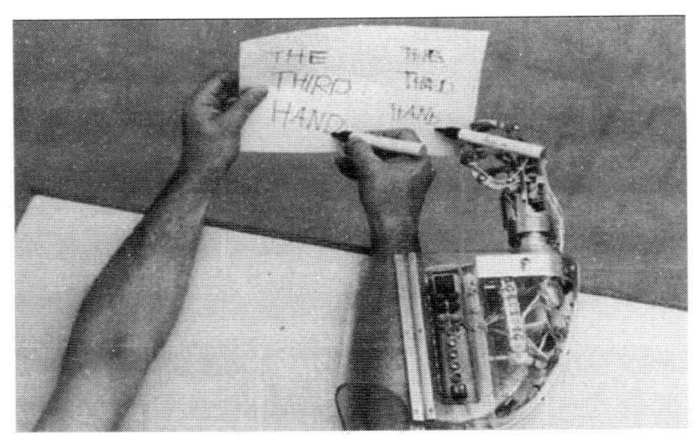

스텔락의 〈제3의 손(The Third Hand)〉.

같이 제 기능을 하지 못 하는 신체의 일부를 기계적인 보철물이 대체한 것이 아니라 말 그대로 두 손이 버젓이 있는 상황에서 하나의 손을 더 가지게 된 것이다. 이는 스텔락이 추구하는 기계에 의한 '신체의 연장'에 부합되는데 이러한 과정을 통해 그는 인간이 새로운 차원의 사고와 행동이 가능하게 된다고 보았다. 케빈 워릭과 스텔락은 이러한 사이보그화의 과정을 '인간의 진화'라고 본다. 아무튼 그는 <제3의 손> 퍼포먼스에서 로봇 팔을 통해 펜과 같이 뾰족한 물체 혹은 공을 집기도 하고, 손목을 290도까지 돌리기도 하였다.

1998년 스텔락은 <엑소스켈레톤(Exoskeleton)>을 통해 이번에는 손이 아닌 자신의 다리를 연장하는 퍼포먼스를 벌인다. 그것도 하나가 아닌 무려 6개의 다리를 추가한다. 곤충의 다리처럼 보이는 6개의 로봇 다리들은 좌우전후로 움직일 수 있으며 한 지점을 중심으로 한 바퀴 돌기도 한다. 다행히도 무시

무시하게 생긴 이 로봇은 스스로 움직일 수 없으며 사람이 직접 조종해야 한다. 로봇 위에 올라탄 사람의 팔과 손가락이 로봇의 동력원을 조정할 수 있게 해 놓았다. 즉, 팔과 손가락을 움직임으로써 로봇을 앞으로 나아가게 하는 것이다. 사람의 팔과 로봇의 다리는 이제 하나가 되어 거대한 사이보그 무용수를 만들어 낸다. 스텔락은 2005년 테크놀로지와 예술 축제인 로보독(Robodock)에서 기계적인 사운드와 함께 <엑소스켈레톤>을 다시 한 번 선보이기도 했다.

스텔락의 다리 연장의 꿈은 2003년에 선보인 <머슬 머신(Muscle Machine)>에서 보다 진화된 모습을 보인다. 로봇의 움직임은 마치 인간의 근육처럼 부드러워졌으며 조종 방법도 보다 직관적으로 변화했다. 예를 들어 위에 올라탄 사람이 발을 들어 올리면 로봇이 앞으로 향하고 몸을 틀게 되면 그 방향에 맞추어 로봇도 진행 방향을 수정한다. 사람과 로봇이 한 몸이 되어 벌이는 이 기묘한 안무는 컴퓨터가 만들어 내는 사운드와 함께 연출되어 효과가 배가된다. 6개의 다리를 지닌 로봇에 대한 스텔락의 집착은 계속해서 <헥사포드(Hexapod)>로 이어진다. 헥사포드는 사람의 무게 중심과 상체의 방향에 따라 움직이게 되는데 어떠한 센서와 컴퓨터도 장착하고 있지 않다. 오직 사람의 움직임만이 이 250킬로그램의 거대한 로봇을 살아있게끔 한다. 스텔락은 이 프로젝트를 안무가와 로봇 디자이너의 도움을 받아 진행하고 있다

로봇을 이용한 작업 외에도 스텔락은 자신의 팔에 실제 귀

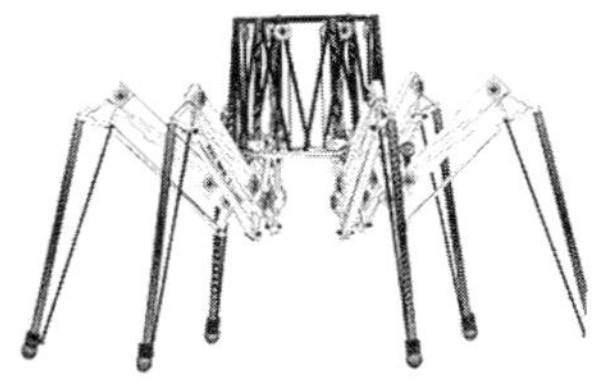

엑소스켈레톤과 스텔락(좌), 엑소스켈레톤의 디자인(우).

를 이식하거나, 자신의 얼굴을 본떠 만든 형상에 살아 있는 세포를 주입하기도 한다. 이러한 그의 작업 방향에 대해 지나치게 충격만을 노림으로써 예술적 의미를 찾기 어려울 정도라고 비판하는 이들도 있다. 그의 작업은 확실히 무대의 범위를 벗어나서 실험실 연구의 느낌이 짙게 묻어난다. 비록 실질적인 제작에 있어서 전문가의 도움을 받기도 하지만 그의 반은 이미 과학자이다. 그렇기 때문에 스텔락의 관심사는 워릭 교수의 그것과 크게 다르지 않아 보이며 실제로도 그들은 몇 차례 공식 석상에서 만나 관심사를 공유했다고 한다. 이 호기심 많은 '연구원' 스텔락이 앞으로 어떤 기이한 연구 혹은 충격적인 퍼포먼스를 통해 또 다시 사람들을 놀라게 할지 기대가 된다.

로봇에게 헌혈을 — 에두아르도 카츠

브라질 출신의 에두아르도 카츠는 2000년 선보인 형광 토끼 '알바'와 바이오아트(bio art)로 유명한 예술가이다. 해파리가 지닌 형광 유전자를 알비노 토끼, 즉 붉은 눈을 지닌 흰 토끼에게 주입한다. 유전공학의 힘으로 다시 태어난 알바는 특정 대역의 빛 아래에서 형광 녹색으로 보이게 된다. 카츠의 이러한 시도는 바이오 아트라는 새로운 분야의 도래를 알리면서 과학과 예술 사이의 장벽을 보다 급격하게 허물고 있다. 물론 그의 작업이 윤리적인 논쟁을 이끌어 내기에 더욱 많은 관심을 받는 측면도 있다.

에두아르도 카츠가 처음부터 바이오 아트에 관심을 가졌던 것은 아니다. 오히려 1980년대 초만 해도 그는 평범한 공연예술가로서 활동했다. 하지만 그가 시에 심취한 이후 '인쇄된 언어'에 만족하지 못하고 홀로그램을 이용하기 시작한다. 에두아르도 카츠의 홀로그램 작업은 그리 오래 가지 않았다. 하지만 이후의 작품에서 그가 지속적으로 테크놀로지를 활용하고 있다는 사실에서 홀로그램 작업이 그의 예술적 삶에 중요한 전환점을 제공해 준 것으로 보인다.

1980년대 중반부터 에두아르도 카츠는 원격 조종되는 로봇을 이용한 텔레프레젠스(Telepresence) 프로젝트를 시작한다. 1986년 <브라질 하이테크(Brasil High Tech)>이라는 전시에서 인간을 닮은 로봇을 제작하여 그로 하여금 방문객을 맞이하도록 한다. 로봇의 목소리는 라디오를 통해 멀리 있는 사람의 실제 목소리를 사용했다. 그는 이처럼 원격의 공간을 활용하는 작품 활동을 지속하는데 1990년대 초까지 이어진 일련의 작품들, <오미토린코(Omitorrinco)>에서 두드러지게 나타난다. 그는 인터넷이 보편화되기 전에 전화선을 활용하여 멀리 떨어진 곳의 영상을 주고받았다. 그의 선구자적인 시도는 전화선과 같은 네트워크를 통한 신체의 이동과 이로 인해 야기되는 존재감의 문제를 다루고 있다. 초기에 그가 텔레로봇(telerobot)의 개념을 가지고 작업을 진행하였지만 이후의 작업은 확실히 보편적인 로봇의 범위를 벗어난 듯이 보인다. 오히려 1997년 작품 <에이 포지티브(A-positive)>에서 다소 다른 출발점을 지닌 로봇에 대한 그의 접근 방식을 엿볼 수 있다.

<에이 포지티브>에서 에두아르도 카츠는 인간의 신체와 로봇의 생물학적 결합을 시도한다. 로봇은 이제 바이오봇(biobot)으로 진화하게 된다. 그의 퍼포먼스 안에서 인간과 바이오봇은 정맥주사를 통해 영양분을 '직접적'으로 주고받는다. 사람은 자리에 앉아 혈액을 뽑기 시작하고 이를 바이오봇에게 전달한다. 혈액 속에서 충분한 산소를 추출한 바이오봇은 하나의 불꽃을 태우기 시작한다. 이 불꽃은 생명의 상징이다. 사람별로 혈액의 산소 함유량은 미세하게나마 차이가 있기 때문에 불꽃의 모양 또한 사람마다 다를 것이다. 대신 바이오봇은 포도당을 사람에게 전달하고, 이는 다시 혈액의 순환에 관여한다. 이제 사람은 바이오봇이라는 기계와 공생하는 단계에 이르렀으며 역사상 처음으로 로봇과 사람은 평등한 대화를 시도하게 된다. 에두아르도 카츠에게 있어 로봇은 일을 해야 하는 '노예'도 아니며, 사용해야 하는 '도구'도 아니다. 오히려 그는 인간이 로봇과 무엇을 함께 할 수 있을지 고민해야 한다고 역설한다.

퍼포먼스의 구성 측면에서
보면 사람다다 다른 불꽃을 태
운다는 사실은 매우 의미가 있
다. 이제까지 테크놀로지를 활
용한 퍼포먼스에서 보인 상호
작용은 제한적이었다. 에두아
르도 카츠의 표현대로라면 하
나의 논리를 지닌 모노로지컬
(monological)한 테크놀로지였다.
즉, 미리 프로그램을 통해 기

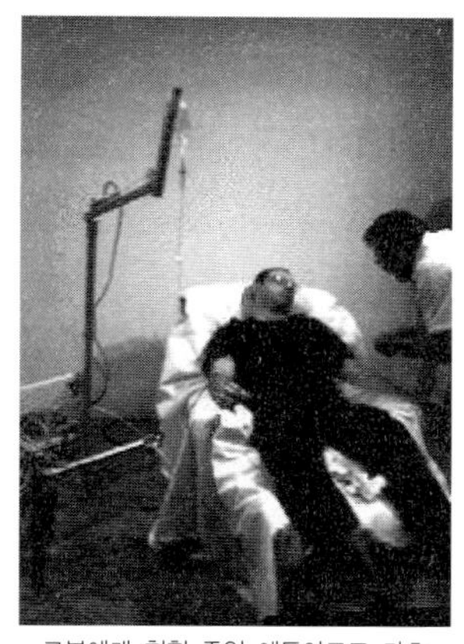

로봇에게 헌혈 중인 에두아르도 카츠.

계 혹은 로봇의 반응이 확정된 작품이다. 예를 들어, 미디어
아트에서 사람이 움직이면 영상이 변화하는 식의 상호작용은
그 가짓수가 늘어날 수는 있겠지만 언제까지나 가산적이다.
하지만 <에이 포지티브>가 제공하는 인간과 로봇의 상호작
용은 보다 직접적이고, 원초적인 에너지를 지니고 있다. 따라
서 그의 퍼포먼스는 인간과 로봇 사이의 멀티로지컬(multilogical)
한 교감을 요구한다고 볼 수 있다.

<제네시스 1, 2(Genesis 1, 2)>와 같은 에두아르도 카츠의 최
근 작품을 살펴보면 생물학 혹은 유전학적인 요소를 활용하려
는 의도가 짙게 드러난다. 예술의 영역을 끊임없이 확대하려
는 그의 노력은 반드시 사회적인 이슈, 윤리적인 이슈와 부딪
힐 운명에 처해 있다. 실제로 미국의 동물협회 관계자들은 그
가 자신의 작품 안에서 동물이 처할 스트레스와 고통의 상황

은 전혀 고려하지 않는다고 비판한다. 앞으로도 예술과 과학, 인간과 로봇의 경계를 넘나들 그의 실험들을 주목할 수밖에 없을 것이다.

하나가 된 무용수와 무대 − 로버트 웨슬러와 팰린드롬

스텔락과 카츠의 퍼포먼스가 인간의 '직접'적인 기계화에 초점을 맞추었다면 로버트 웨슬러를 포함하여 이후에 살펴볼 예술가들은 배우를 무대 시스템의 일부로 편입시키는 다소 '부드러운' 실험을 진행하고 있다. 미디어와 배우의 신체를 연결함으로써 궁극적으로 신체의 감각을 확장시키려는 목적은 어느 정도 동일하지만 스텔락과 카츠의 경우와 달리 이들은 무대 위의 상연을 전제로 한다.

로버트 웨슬러는 특정 소프트웨어를 이용하여 무용수의 움직임과 조명, 영상, 사운드를 포함한 모든 무대장치를 연결시킨다. 스텔락이 팔로써 로봇의 다리를 움직이게 했다면 로버트 웨슬러는 팔로써 무대의 영상과 사운드를 변화시킨다고 보면 된다. 이는 소프트웨어 로봇의 활용이라고 볼 수 있는데 소프트웨어 로봇이란 컴퓨터 속에서 살아가는 로봇을 말한다. 즉, 하드웨어를 통해 외부로 드러나지 않더라도 소프트웨어 로봇은 미리 만들어진 프로그램을 통해 자신의 임무를 수행한다. 무대 위에 존재하는 이러한 형태의 로봇은 아직 만족스러울 정도의 에이전트라고 할 수 없지만 분명 배우와 무대 사이에서 정해진 자신의 임무를 수행하고 있다. 관련 연구 집단으로 로버트 웨슬러가 이끄는 독일의 팰린드롬(Palindrome) 외에도 미국의 트로이카 랜치(Troika Ranch), 이탈리아의 인포뮤즈 랩 (InfoMus Lab)을 들 수 있다. 이들 간의 차이점이라면 팰린드롬 의 경우 예술적인 표현에 중점을 두고 있으며, 트로이카 랜치 는 다양한 테크놀로지의 가능성에 중점을 둔다. 인포뮤즈 랩 은 배우의 감정 인식과 다양한 분야에서의 활용 방안을 중심 으로 연구를 진행한다.

팰린드롬은 독일 뉘른베르크에 위치한 무용단으로 로버스 웨슬러(Rober: Wechsler)가 대표직을 맡고 있다. 그는 젊은 시절 부터 과학과 테크놀로지에 대하여 지대한 관심을 표명하였으 며 그의 안무 작업에 있어서 테크놀로지는 중요한 역할을 담 당하고 있다. 그가 센서와 전자 기기에 대하며 관심을 가지기 시작한 때는 1970년대로 거슬러 올라간다. 당시 그는 미국에 서 유전학을 공부하고 있었으며 이후 뉴욕으로 건너가 본격적 으로 무용을 배우게 된다.

1982년 뉴욕에서 팰린드롬을 창단하지만 1988년 독일 뉘 른베르크로 옮겨 가게 되고 1990년부터는 뉘른베르크 시로부 터 지원금을 받고 있다. 특히 1995년은 팰린드롬의 역사에 있 어 중요한 해이다. 이전에도 과학과 테크놀로지에 대한 테마 로 작업을 진행하고 있었지만 1995년 인터랙티브 시스템 디 자이너인 프리더 바이스(Frieder Weiss)가 무용단에 참여하게 됨 으로써 팰린드롬은 본격적으로 컴퓨터 시대에 접어든다. 예술 가와 공학자가 만나 이룩한 결과물로 아이콘(EyeCon)을 들 수 있다. 이는 무용수의 움직임을 감지하는 소프트웨어로서 이를 통해 팰린드롬에서만 수십 편의 무용 작품이 탄생하게 된다. 아이콘의 기능은 배우의 움직임과 영상, 조명과 같은 무대의 요소를 미리 지정해 놓은 특정 조건에 따라 연결시키는 것이다. 예를 들어 무용수의 움직임이 빨라지면 영상의 속도가 그에 맞추어 자동적으로 변경되고 무용수가 특정 팔을 들어 올리면 음악의 선곡이 바뀐다. 움직임을 감지하는 수단으로 비디오카메라, 몸에 붙이는 전극, 적외선 카메라 등 다양하게 사용될 수 있지만 일반적으로 비디오카메라에 의존하고 있다. 이러한 소프트웨어를 통해 배우는 마치 하나의 로봇처럼 무대 위의 모든 환경을 제어할 수 있게 된다.

무용수가 무대의 조명, 사운드 장치와 하나로 연결되면서 이전에는 시도하지 못 했던 새로운 형태의 공연을 만들어 낼 수 있는 기반이 마련된 셈이다. 달라진 무대 환경에 따라 새로이 고려할 점이 드러나게 될 것이며, 새로운 제약 조건 아래에서 연출가와 무용수는 움직여야 한다. 그러므로 팰린드롬의 작품들을 살펴보기 전에 몇 가지 용어에 대해 정리하겠다.

먼저 상호작용(interaction)이란 단어는 예술과 테크놀로지의 두 분야에서 동일하게 쓰이고 있는데 이를 마치 동의어로 파악하면 안 된다. 이제까지 디지털 테크놀로지의 상호작용은 물리적·가시적·직접적이었으며 무대에서의 상호작용은 정신적·비가시적·간접적이었다. 하지만 테크놀로지가 예술에 도입되면서 이 두 영역은 복잡하게 얽히게 된다. 이러한 관점에서 로버트 웨슬러는 자신의 작업을 지칭하는 인터랙티브 댄스 (interactive dance)라는 용어가 어떻게 보면 난센스라고 고백한다. 즉, 배우의 움직임에 따라 무대 조명이 변화하고, 관객의 움직임에 따라 무대장치가 반응하는 것이 테크놀로지의 관점에서는 상호작용적(interactive)이라고 말할 수 있겠지만 사실 무용을 포함한 모든 공연예술은 수천 년 전부터 상호작용적이었다. 하나의 작품 안에서 그 상호작용이 언제 발생하느냐에 대해서 명확하게 짚어 낼 수 없지만 분명한 것은 배우와 관객, 배우와 무대 간의 교감이 테크놀로지의 도입 여부에 따라 결정되는 것은 아니다. 오히려 테크놀로지는 간혹 연출가, 안무가, 무용수의 예술적 표현을 가로막는 경우가 있다.

Automation in no way implies interaction. Bringing a new technology before an audience may make for excitement, but not interactivity.

(무대 위) 자동화는 작품과 관객 간 상호작용을 보장해 주지 못 한다. 최첨단 테크놀로지는 관객에게 흥분을 가져다 줄 수 있겠지만 진정한 교감은 아니다.

– Robert Wechsler, "Artistic Considerations in the Use of Motion Tracking with Live Performers: a Practical Guide", *Performance And Technology*, PALGRAVE MACMILLAN, 2007.

이제 로버트 웨슬러는 딜레마에 빠진다. 디지털 테크놀로지가 분명 예술적 표현의 범위를 확대시킬 수 있지만 테크놀로지의 산물인 여러 장비들이 '예술적'으로 사용된다는 조건을 충족시키기 전까지는 그저 성능 좋은 컴퓨터와 로봇일 뿐이다. 장비를 '예술적'으로 사용한다는 개념을 설명하기 위해 그는 매핑(mapping)이라는 용어를 도입한다.

매핑은 하나의 데이터와 다른 데이터를 연결시킬 때 사용되는 용어이다. 소프트웨어 로봇에게 주어지는 입력 데이터는 바로 배우의 움직임이다. 예를 들어 무용수 다리의 속도, 고개의 각도, 무대 위에서 차지하는 영역 등이 입력 데이터로 주어진다. 출력 데이터는 사운드의 속도, 조명의 색깔, 영상의 특수효과 등 연출가가 원하는 무대 효과가 될 것이다. 이제 연출가는 입력 데이터와 출력 데이터 간에 존재할 수 있는 수많은 경우의 수에서 무엇과 무엇을 연결해야 할지 고민해야 한다. 로버트 웨슬러는 바로 이 연결에 대한 결정이 소프트웨어를 활용한 인터랙티브 무용 작품의 예술성을 결정짓는다고 보았다. 왜냐하면 무용수의 움직임은 컴퓨터에 의해 파악되는 정량적인 데이터이기보다 예술적 의도에 맞추어 구현되는 인지적 데이터에 가깝기 때문이다. 결국 같은 움직임이라도 상황에 따라 느낌이 확연히 달라진다. 이러한 인식 없이 소프트웨어를 통해 무작정 배우의 움직임과 무대의 미디어를 연결시킨다면 예술 작품은 바로 테크놀로지에 종속될 수밖에 없다.

또한 실제 관객이 작품을 감상할 때는 연출가의 이러한 매핑에 대한 노력이 간과될 수 있다. 실제로 로버트 웨슬러는 관객들이 자신의 무용 작품과 테크놀로지가 중요하지 않은 다른 무용 작품 간의 차이를 인식하지 못한다고 말한다. 그렇다고 안무가가 관객 앞에 서서 작품 속에서 사용한 소프트웨어의 기능을 일일이 설명할 수도 없다. 위의 딜레마적 상황들이 해결된 후에야 무대에서의 테크놀로지 도입이 한 단계 진전된 모습을 보여 줄 것이다.

1997년 선보인 팰린드롬의 작품 <Heartbeats>에서 관객은 무용수의 심장 박동 소리를 듣게 된다. 미리 녹음된 것이 아니라 무용수의 실제 움직임에 따라 변화하는 신체 내부의 소리이다. 로버트 웨슬러는 무용수의 신체를 낱낱이 해부하여 이를 무대와 연결시키려 하였다. 2000년 작품 <Elektroden>은 피부의 전기 신호를 받아서, 같은 해 또 다른 작품 <Brainwaves>는 무용수의 뇌파 신호를 받아서 이를 무대의 음향으로 사용한다. 모두 실험적인 공연이었기에 무용수의 신체를 측정하기 위한 기기들이 정작 무용수의 움직임을 방해하는 문제점이 발견되었다.

2005년 작품 <Talking bodies>에서는 무용수의 움직임에 따라 소리와 영상이 변화한다. 소프트웨어가 무용수의 움직임을 감지하는 변수로 특정 영역에서 차지하는 신체의 크기, 무용수와 무용수 사이의 거리, 신체 중심의 위치, 움직임의 속도, 움직임의 양, 신체의 좌우 대칭성 등을 들 수 있다. 관객이 무용을 볼 때 이 모든 변수들은 어렴풋한 기억 속에 남게 되지만 팰린드롬의 작품에서는 움직임 하나하나가 소프트웨어에

팰린드롬의 〈Elektroden〉.

의해 무대 상황을 조종하게 되는 것이다. 2006년 로버트 웨슬러와 프리더 바이스는 10년간의 협업을 끝마치게 된다. 그리고 2006년 선보인 팰린드롬의 <The Oklo Phenomenon>에서부터 로버트 웨슬러는 소수의 컴퓨터만을 가지고 작업한다. 로버트 웨슬러의 작업 성향이 변화했음을 알게 해 준다. 그의 작품이 앞으로 어떠한 방향으로 진행될지 장담할 수 없지만 분명 소프트웨어 로봇이 무대에 미치는 영향에 대한 고민이 무대 위에서 표현될 것이라 생각한다.

테크놀로지의 가능성을 엿보다 ─ 트로이카 랜치

트로이카 랜치(Troika Ranch)는 공학자인 마크 코리글리오(Mark Coniglio)와 안무가인 던 스토퍼엘로(Dawn Stoppiello)에 의해 1989년 설립되었다.

트로이카 랜치는 '상호작용(interaction)'을 강조한다. 관객과 무용수, 영상과 무용수, 사운드와 무용수, 더 나아가 기계와 인간의 관계에 있어 언제나 상호작용은 존재하기 마련이다.

그중에서도 트로이카 랜치는 가장 먼저 작품 창작 과정의 상호작용을 강조한다. 예술과 과학, 무용과 연극처럼 서로 다른 분야의 융합을 장려하고, 무용수에서부터 안무가, 기술자까지 모든 사람이 작품에 깊숙이 참여할 수 있는 환경을 조성하는 것이다. 그 다음 상호작용은 공연 안에서 나타나는데 디지털 테크놀로지에 기반을 둔 소프트웨어는 바로 이 부분에서 자신의 역할을 수행한다. 팰린드롬의 작품처럼 무용수의 움직임이 공연의 영상과 사운드를 실시간으로 변화시킬 수 있게 된다. 트로이카 랜치가 추구하는 궁극적인 상호작용은 바로 관객과의 정신적·심리적 상호작용이다. 이는 기존의 공연에서도 늘 존재해 왔던 교감과 공감의 영역이다. 그러나 트로이카 랜치의 작업을 살펴볼 때 그들이 이 마지막 단계의 상호작용을 어떠한 방식으로 추구하고 있는지에 대한 대답은 아직 찾기 어렵다.

트로이카 랜치는 자신들이 테크놀로지를 활용해서 이제까지 죽어 있던 전자 미디어에 생명을 불어넣는 작업을 수행한다고 말한다. 무용을 포함한 공연예술의 매력이 두 번 다시 반복할 수 없는 생명력에 있다면 공연을 구성하는 기계장치 혹은 미디어 또한 살아서 숨을 쉬어야 한다. 그래서 무용수의 다리가 움직이는 대로 영상, 사운드, 조명도 함께 움직여야 한다. 이는 스태프의 조작에 의존해서도 안 되고, 미리 짜인 대본에 의해서 진행되어서도 안 된다. 결국 이러한 목적을 달성시킬 수 있는 소프트웨어를 제작하게 되는데 바로 미국의 현대 무

용가인 이사도라 던컨의 이름을 딴 '이사도라(Isadora)'이다. 이
사도라를 통해 실시간으로 영상의 속도를 변화시킬 수 있으며
특정 영상 효과를 가미할 수도 있다. 또한 배우의 움직임에 관
한 데이터를 실시간으로 입력할 수도 있다. 특히 이사도라는
초보자라도 쉽게 접근할 수 있는 인터페이스로 이루어져 있어
서 테크놀로지를 활용하고자 하는 안무가들에게 자주 사용된
다. 그 외 소프트웨어 중 하나인 레이저웹(LaserWeb)은 레이저
빔을 이용한 무대 변환 소프트웨어이다. 무대에 수직, 수평으
로 레이저 빔을 발사하여 무용수가 이를 스치고 지나갈 때마
다 조명, 사운드, 영상과 같은 무대 요소들이 반응하는 것이다.

최근 선보인 <16 레볼루션(16 [R]evolutions)>은 4명의 무용수
를 통해 사람의 본능과 이성이 충돌하는 장면을 관객에게 보
여주었다. 이 작품에서 트로이카 랜치는 어김없이 무용수의
움직임과 화려한 3D 영상을 결합시킨다. 그들의 움직임 자체

〈16 레볼루션(16 [R]evolutions)〉의 무용수와 영상.

가 영상의 변화를 일으키는 것이다. 하지만 아쉽게도 뉴욕타임즈는 <16 레볼루션>에 대해 영상 등의 테크놀로지는 뛰어나지만 주제와 안무에 대한 아쉬움을 감추지 못했다. 결국 작품이 평가받는 것은 테크놀로지의 나열이 아니라 테크놀로지와 말하고자 하는 바의 상호작용이 아닐까 싶다. 팰린드롬과 마찬가지로 트로이카 랜치도 배우의 움직임을 영상 혹은 사운드로만 연결시키고 있다. 팰린드롬, 트로이카 랜치의 작업들에서 보이는 이러한 경향성을 뚫고 한 차원 위로 나아가지 못하면 결국 무대 위에서 무용수는 사람도 아닌, 로봇도 아닌 그저 그런 소품이 되어 버릴 가능성이 있다.

무용을 넘어, 소프트웨어의 진화 — 인포뮤즈랩

인포뮤즈랩은 1984년 이탈리아 제노바에 위치한 제노바 정보통신대학의 부속 연구소로 설립되었다. 인간과 컴퓨터의 상호작용(Human Computer Interaction), 감성 커뮤니케이션과 관련된 멀티미디어 테크놀로지의 개발이 주 연구 영역이며, 특히 음악, 무용, 연극을 포함하는 공연예술에 적용될 수 있는 테크놀로지의 연구 및 개발에 주력하고 있다. 인포뮤즈랩의 성과물은 공연예술 외에도 박물관, 과학관, 에듀테인먼트, 심리치료 등 다양한 분야에서 폭넓게 활용되고 있다.

인포뮤즈랩이 1997년부터 개발하기 시작한 소프트웨어인 아이즈웹(EyesWeb)은 앞서 소개한 팰린드롬과 트로이가 랜치의 소프트웨어와 매우 유사하다. 하지만 아이즈웹은 온라인상에서 무료로 배포되며 오픈 소스 소프트웨어인 점이 특징이다. 또한 무용단의 차원에서 개발된 것이 아니라 제노바 정보통신대학의 공학자들에 의해 꾸준히 소프트웨어의 기능이 개선되어 왔기 때문에 일정 수준 이상의 완성도를 보여 주고 있다. 아이즈웹은 현재 트로이카 랜치를 포함하여 전 세계 관련 기관 혹은 예술가에 의해 사용되고 있다.

아이즈웹은 '메가 프로젝트(Multisensory Expressive Gesture Applications Project)'의 일환으로 개발되었으며 무용수 혹은 배우가 보여 주는 제스처에 대한 인식과 분석이 주요 목적이다. 즉 배우의 모든 제스처가 컴퓨터에 의해서 자동적으로 인식되고 움직임의 특성 또한 자동적으로 추출되는 알고리즘을 개발하는 것이다. 이러한 연구 성과는 인터랙티브 공연에서 연출가와 배우의 표현성을 극대화하는 데에 사용할 수 있다. 예를 들어 배우가 팔을 번쩍 들어 올리는 제스처의 의미가 소프트웨어상에서 자동적으로 감지될 수 있다면 무대에서 표현할 수 있는 극적 효과가 보다 다양해질 것이 분명하다.

무대 위의 배우와 무용수가 보여 주는 제스처는 정보를 지니고 있는 신체의 움직임으로 정의될 수 있다. 손가락은 외부 대상을 지시하기도 하지만 이보다는 내부의 감정을 표현하는 수단으로 이용된다. 인포뮤즈랩은 다양한 제스처들 간에 보편적인 패턴과 규칙이 발견될 수 있으리라는 전제하에 연구를 진행한다. 물론 이러한 가정에 오류가 없지는 않다. 하지만 인간과 기계, 혹은 로봇과의 상호작용을 발전시키기 위해서는

일정 수준의 일반
화 과정은 불가피
해 보인다.

　아이즈웹이 작동
하는 과정을 살펴
보면 첫 번째 단계
로 배우의 물리적
신호가 소프트웨어
에 의해 감지된다.

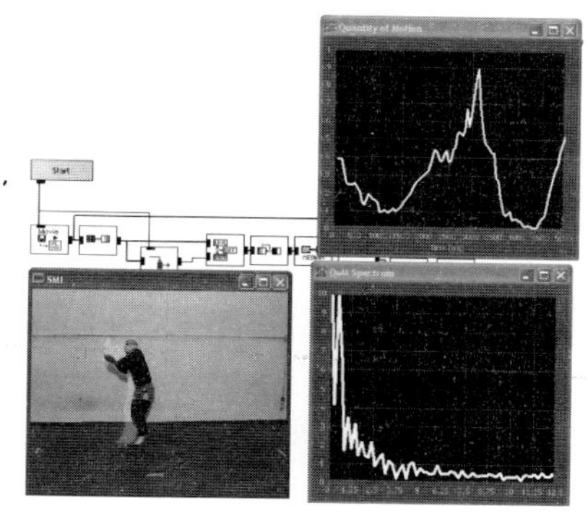

아이즈웹의 인터페이스.

적외선 카메라, 촉각 센서, 비디오카메라가 감지한 배우의 제
스처를 디지털 신호로 전환시키는 단계인 셈이다. 두 번째 단
계는 통계 처리 과정이다. 보다 상위의 분석을 위하여 첫 번째
단계의 데이터를 통계적으로 처리하게 된다. 예를 들어 무대
위에서 들리는 음성이나 사운드의 경우 소프트웨어가 자동적
으로 템포, 가락, 음량 등의 정보를 추출한다. 움직임의 경우
비디오카메라가 녹화하는 프레임을 분석하여 움직임의 속도
와 방향에 대한 정보를 추출한다. 세 번째 단계는 팰린드롬의
로버트 웨슬러가 강조한 매핑의 단계이다. 객관적인 통계 결
과에 의미를 부여하는 과정이 필요하다. 예를 들어 무용수의
움직임이 수축되고 있는 것으로 출력 값이 나온다면 소프트웨
어는 무용수의 두려움 혹은 슬픔의 감정을 유추할 수 있다.

　물론 소프트웨어가 움직임을 분석한다는 것은 테크놀로지
만의 문제가 아니다. 테크놀로지가 기여할 수 있는 바는 결국

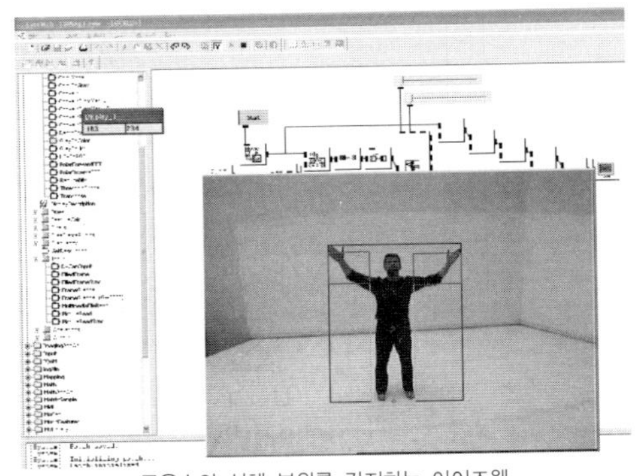

무용수의 신체 부위를 감지하는 아이즈웹.

정량적 데이터의 추출뿐이다. 그러므로 이 단계에서 아이즈웹은 현대 무용가 라반(Rudolf von Laban)의 이론을 차용하기도 한다. 라반은 라반노테이션(Labanotation)이라고 하는 무보법에서 더 나아가 움직임의 분위기와 공간과의 관계를 분석하고자 하는 에포트/쉐이프(effort/shape) 이론을 만들어 냈다. 무용수가 보여 주는 움직임의 흐름이 연속적인가, 속도는 어떠한가, 무대에서 어디에 위치하는가를 분석하여 궁극적으로 전체 움직임의 느낌은 어떠한가를 라반은 알고 싶어 했다. 20세기 초 라반이 가지고 있었던 고민을 해결하기 위해 인포뮤즈랩의 아이즈웹이 탄생한 것이다. 이를 완전히 해결해 주지는 못할지라도, 소프트웨어가 무용수의 움직임을 '객관화'시켜 보다 정확한 판단에 이르게 해 주는 것만은 분명하다.

인포뮤즈랩의 아이즈웹은 아직까지 공연보다는 일상생활 속 유비쿼터스 서비스에 적합한 것 같다. 인간의 제스처와 움직임을 분석하고 통합하는 작업을 통해 인간과 기계와의 보다 자연스럽고 감성적인 상호작용이 가능하게 될 것이다. 그러므로 아이즈웹과 같은 소프트웨어로 인간은 환경 자체와 의사소통을 할 수 있게 된다.

대신 아이즈웹이 무용수와 배우의 제스처의 의미를 파악하는 데에는 분명 한계가 있어 보인다. 같은 동작이라고 하더라도 극적 상황에 따라 전혀 다른 감정과 분위기를 자아내기 때문이다. 배우와 무용수는 일상의 규칙에 비일상의 규칙을 더하여 무대에 오른다. 관객은 바로 이러한 차이를 감지하며 작품을 감상하며 즐거워한다. 하지만 컴퓨터의 소프트웨어는 배우와 무용수의 이런 차이를 잡아내지 못 한다. 결국 소프트웨어 로봇이 배우와 무용수의 감정을 감지하는 것은 로봇이 인간의 감정을 가지는 것만큼이나 어려운 과정일 것이다. 하지만 먼 미래에 소프트웨어의 진화가 이루어진다면 소프트웨어 로봇이 인간 배우를 데리고 직접 스타니슬라프스키의 '배우훈련'을 진행할지도 모를 일이다.

린츠의 테크놀로지 축제 － 아르스 일렉트로니카 페스티벌

매년 9월 오스트리아의 린츠는 전 세계에서 온 공학자와 예술가들로 가득하다. 세계적인 테크놀로지 축제 '아르스 일렉트로니카(Ars Electronica)'가 열리기 때문이다. 아르스 일렉트로니카는 테크놀로지를 도구로 사용함으로써 기존의 축제에 대한 고정관념을 뒤바꾸어 놓았다. 과학과 예술의 교류의 장이

자 테크놀로지의 발전으로 현대사회가 직면하게 된 사회·문
화적인 변화상에 대한 미래를 제시하는 것이 축제의 목적이
다. 키워드로 예술(Art), 테크놀로지(Technology), 그리고 사회
(Society)를 내세우고 있다. 『아르스 일렉트로니카 25주년사(25
years of Ars Electronica)』에서 발췌한 문구를 통해 축제에 대
한 개요는 이쯤에서 마치고 2008년 아르스 일렉트로니카에
직접 참관하여 보았던 공연을 소개하도록 하겠다.

> What is within human power might be beyond the
> computer's in some cases, or else what is possible for the
> computer could be unachievable for man.
>
> 컴퓨터가 해결하지 못하는 일은 인간의 능력으로 가능하
> 고, 반대로 컴퓨터는 인간이 할 수 없는 일들을 해낼 수 있
> 다.

> It is not technology that has top priority but the
> relationship between one person to another person that is all-
> important.
>
> 테크놀로지를 최우선에 두지 않으며 결국 중요한 것은
> 사람과 사람의 관계이다.
>
> - Hannes Leopoldseder, 『아르스 일렉트로니카 25주년사』

2008년 아르스 일렉트로니카에서 로봇이 직접적으로 등장

했던 공연은 없었지만 배우의 신체가 공연 시스템 혹은 기계의 일부로 확장되었던 사례가 있기에 소개하고자 한다. 앞서 보았던 스텔락, 팰린드롬의 작업과 같이 신체의 일부를 확장한 사이보그의 개념에 가 닿는다.

전시장 중앙에는 유리로 된 직육면체 상자가 자리 잡고 있다. 그리고 그 안에 한 남자가 반나체 상태로 앉아 있다. 아무 말도 없다. 관객들은 무슨 일이 벌어질까 상자와 그 안의 남자를 유심히 지켜본다. 5분, 10분. 아무 일도 일어나지 않는다. 어느새 전시장은 기계음으로 가득하다. 10분이 조금 지났을 무렵 관객의 한 무리가 짧은 탄성을 내지른다. 남자가 푸른 땀을 흘리고 있다. 하지만 남자는 미동조차 하지 않는다. 이어서 푸른 눈물을 흘리고 있다. 시간은 계속 흘러 입에서 푸른 피가 흘러나오고, 눈동자가 파랗게 물들 때까지 남자는 계속 앉아만 있다. 어느새 50분의 시간이 흐른다. 자리를 뜨는 관객은 아무도 없다.

이 작품은 바로 2008년 프리 아르스 일렉트로니카(Prix Ars Electronica)의 하이브리드 아트(hybrid art) 부문 대상을 탄 얀 마루시히(Jan Marussich)의 <블루 리믹스(Bleu Remix)>이다. 대상은 특별히 골든 니카(Golden Nica)로 불리며 수상한 예술가에게 세계적 명예를 안겨준다. 1987년 픽사 애니메이션의 시작이라 할 수 있는 존 라세터(John Lasseter)의 <룩소 주니어(Luxo Jr.)>도 컴퓨터 애니메이션 부문 골든 니카를 수상하였다.

<블루 리믹스>를 가만히 지켜보고 있으면 충격적이고 섬

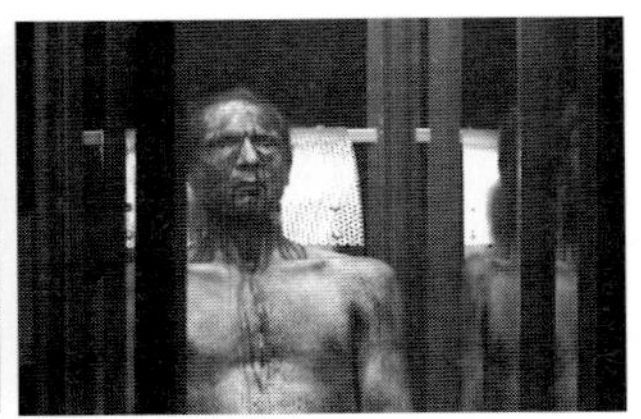

〈블루 리믹스〉의 한 장면.

뜩하기까지 하다. 하지만 아르스 일렉트로니카가 이 작품에 골든 니카를 수여한 이유는 단순히 센세이션 때문만은 아닐 것이다. 파랑, 그것도 불어의 블뢰(bleu)가 가지는 의미를 갇힌 공간 안에서의 퍼포먼스로 풀어냈기 때문이다. 동시에 테크놀로지 관점에서 보자면 지나치게 IT 중심적이었던 그간 퍼포먼스의 경향을 깼기 때문이다. 얀 마루시히는 단 하나의 전선도 없이 온통 푸른색의 체액을 내뿜는다. 결국 그는 50분의 퍼포먼스를 통해 사람이면서도 사람이 아닌 사이보그로의 진화를 시도한다. 아르스 일렉트로니카는 이 작품에 골든 니카를 수여함으로써 IT에서 벗어나 BT(Bio Technology), NT(Nano Technology)로의 비전을 제시하고 있는 셈이다. 앞으로 배우가 사람의 모습을 하고 있지만 전혀 사람답지 않은 모습을 보여 줄 날이 올 것이다. 이는 영화 〈제5원소〉에 등장했던 외계인 소프라노를 연상시킨다. 이처럼 테크놀로지로 무장한 사이보그들이 무대를 점령하는 날이 올 때 우리는 과연 어떠한 형태의 연극, 무용, 퍼포먼스를 상상할 수 있을까?

<A small Contribution to the Genesis of Everyday Life>는

2008년 아르스 일렉트로니카에서 선보였던 30분의 짧은 퍼포
먼스이다. 두 명의 배우가 자신의 몸을 통해 전류를 흘려보냄
으로써 무대 위 사운드와 영상을 제어한다. 다시 말해 배우의
신체가 프로젝터, 스피커, 사운드 믹서로 연결되는 전체 시스
템의 일부가 되는 것이다. 한 명은 사운드를 담당하고 또 다른
한 명은 영상을 담당하게 된다. 백남준이 TV의 음극관을 활용
하여 선보인 작품의 원리와 동일하다. 한 사람이 전류가 흐르
는 자신의 손을 모니터에 가까이 대거나 또 다른 사람을 만지
려 할 때 기존의 영상은 왜곡되고 이는 또 다시 출력되는 사
운드에 영향을 미친다. 원리는 간단하지만 그들이 보여 준 퍼
포먼스는 사람이 도구에 의존하지 않고 스스로 도구가 되었다
는 점에서 충분히 충격적이다. 퍼포먼스가 끝난 후 관객들은
그들에게 전류가 몸에 흐를 때 고통스럽지 않느냐고 물었다.
하지만 그들은 대단히 고통스럽지만 강도를 잘 조절하면 괜찮

〈A small Contribution to the Genesis of Everyday Life〉.

다고 천연덕스럽게 대답하였다. 무대 위에 기계적인 로봇이 등장하는 것이 식상한 날이 올지도 모른다. 이제는 사람이 직접 로봇 혹은 사이보그가 되기를 꿈꾸고 있다.

말하는 무대: 무대의 자동화

무대를 움직여라 — 20세기의 실험들

공연예술에서 배우의 움직임과 무용수의 동작에 대한 연구는 필연적으로 무대 공간의 재정의로 이어진다. 연출가인 고든 크레이그와 안무가인 오스카 슐레머가 무대 디자인도 담당했던 것이 결코 우연은 아니다. 미술가로서 먼저 자신의 이름을 알렸던 고든 크레이그는 무대의 통일성을 유지하기 위해 무대 디자인과 무대장치를 직접 맡았다. 배우의 동작을 지속적으로 탐구하던 그는 배우를 둘러싼 환경 또한 이에 맞추어져야 한다고 보았으며 무대에 기하학적 법칙과 구조의 역동성을 도입하려 했다. 이제 무대는 지극히 사실적으로 현실 세계를 재현해 오던 관습에서 벗어나 마치 몬드리안의 작품처럼 추상적 공간으로 변화하게 된다. 더 나아가 1910년 고든 크레이그는 '스크린(Screen)'으로 이름 붙인 움직이는 무대장치에 대한 아이디어를 발표하기도 한다.

바우하우스의 기계적인 동작에 관한 연구도 자연스럽게 기계화된 극장의 설계로 확장되었다. 특히 바우하우스의 교장 발터 그로피우스(Walter Gropius)는 새로운 극장의 형태에 대하여 깊은 관심을 가지고 있었다. 그는 무대를 통해 모든 분야의 예술이 종합될 수 있다고 믿었기 때문에 이를 실현시켜 줄 수 있는 극장 공간이 필요했다. 원형 극장, 프로시니엄 극장 등 여러 형태의 극장을 모두 수용할 수 있는 그로피우스의 극장은 말 그대로 '종합 극장(total theater)'이었다. 설계안에 따르면 연출가의 의도에 따라 극 중간에도 무대가 기계적으로 변화할 수 있었다. 하지만 아쉽게도 설계안은 경제적인 이유로 실현되지 못했다.

프레드릭 키슬러(Frederick John Kiesler)는 20세기 초 무대를 전혀 새로운 공간으로 인식하던 예술가 중 한 사람이다. 예루살렘에 위치한 '책의 신전'을 지은 건축가로 알려져 있지만 젊은 시절의 그는 무대 디자이너로도 활동하였다. 공간과 그 속에서 벌어지는 인간의 행위에 평생 관심을 두었던 그가 배우의 퍼포먼스가 벌어지는 무대에서 출발했다는 점이 그리 놀랍지는 않다.

프레드릭 키슬러의 첫 무대 디자인은 바로 1923년에 초연된 카렐 차페크의 <R.U.R>이었다. 로봇이 처음으로 등장했던 역사적 무대에 걸맞게 그는 전자기계적(electro-mechanical)인 무대를 디자인한다. 그가 무대 위에서 추구했던 조명의 이동과 배경색의 극심한 대조, 평면 구조물의 이동은 배우의 동작과 맞물리면서 '죽어 있던' 무대 공간을 살려 놓았다. 당시 공연을 지켜본 예술가 테오 반 되스버그(Theo van Doesburg), 모홀리나기(Laszlo Moholy-Nagy), 엘 리시츠키(El Lissitzky)는 이후의 프

<R.U.R>의 무대디자인.

리드릭 키슬러의 작업에 지대한 영향을 미치게 된다.

같은 해 발표했던 <끝없는 극장>의 계획안은 지금 봐도 매우 전위적이다. 원형의 건축물 안에 놓인 무대는 객석과의 구분이 없다. 배우들은 엘리베이터와 곳곳에 놓인 통로에서 자유롭게 연기를 펼치게 되고 관객은 이 넓은 극장 안에서 내키는 대로 자리를 잡는다. 그의 움직이는 엘리베이터는 뒤에서 살펴볼 <물을 찾아서>의 무대를 연상시키기도 한다. 그리고 1924년 빈에서 열린 '무대 기술을 위한 국제 전시회'에서 프레드릭 키슬러는 <공간 무대(Space Stage)>의 실물 모형을 제작하기도 한다. 객석으로 둘러싸인 이 실험적인 무대 위에 퍼포먼스와 실험 영화를 올린다. 그는 1926년 뉴욕으로 옮겨가 작품 활동을 지속하는데 주로 무대가 아닌 건축물로서의 공간에 집중하게 된다.

1930년대 이후 중단된 것처럼 보이던 무대의 자동화는 1950년대 니콜라스 쇠페르(Nicolas Schoeffer)의 등장으로 다시 탄력을 받게 된다. 그의 <CYSP 1(Cybernetic Spatiodynamic Sculpture)>는 비록 하나의 조각 작품이지만 장착된 센서와 아날로그 전자기기의 도움을 받아 관람자의 존재 여부에 따라 자동적으로 형태를 변화시킬 수 있었다. 에두아르도 카츠는 그가 키네틱 아트에서 벗어나 로보틱 아트의 태동을 알렸다고 평가한다. 한편 니콜라스 쇠페르의 자동화에 대한 작업은 1960년대 E.A.T(Experiments in Art and Technology)의 실험적 공연과 1970년대 오사카 박람회의 야마구치 가쓰히로의 <공간 극장>등과 같은 실험들로 이어진다. 하지만 무대를 기계적으로 움직이기보다는 전자공학의 발달에 힘입어 무대 공간에 영상과 사운드를 결합시킨 실험적 공연이라고 할 수 있다. 이러한 경향은 어느 정도 '일하는 배우'의 개념과 맞닿게 된다.

시몬 파워즈의 마지막 실험 – MIT 미디어랩

2009년 가을을 목표로 MIT 미디어랩(Media Lab)에서는 20세기의 여러 실험을 계승하는 역사적인 프로젝트를 진행하고 있다. 잠시 미디어랩에 대하여 소개하자면 1985년 니콜라스 네그로폰테(Nicholas Negroponte)와 마빈 민스키(Marvin Minsky)가 MIT 안에 설립한 연구소이다. 주로 과학과 미디어 아트의 융합에 관한 연구를 진행하지만 기업과 함께 진행하는 프로젝트에 따라 연구의 범위는 매우 유동적이다. 연구소 산하 수많은 연구 그룹 중 '미래의 오페라(The Opera of the Future)'는 음악과 퍼포먼스, 그리고 예술적 표현의 영역에서 테크놀로지가 기여할 수 있는 바에 대하여 고민한다. 이 연구 그룹은 그간 <브레인 오페라(Brain Opear)> <토이 심포니(Toy Symphony)>와 같은 창의적인 공연을 제작해 왔다. 그중에서도 <죽음과 파워즈(Death and the Powers)>는 2009년 가을 모나코의 몬테카를로에서 선보일 작품으로서 이제까지의 성과와 노하우를 한데 집결시킨 거대한 프로젝트이다. <죽음과 파워즈>의 줄거리는 다음과 같다.

사이먼 파워즈(Simon Powers)는 성공한 발명가이자 사업가로, 생전에 그 누구도 상상하지 못할 만큼의 부와 권력을 축적하였다. 그는 수십 년간의 실험을 통해 인간의 영혼을 신체에서 분리시켜 다른 형태로 저장시킬 수 있는 시스템을 개발하였다. 사이먼 파워즈의 천재적이면서도 혁명적인 성과는 언론에 의해 대서특필되었지만 실험에 반대하는 무리로부터 그는 수천통의 비난 편지를 받기도 했다. 세월이 흘러 그가 죽음의 문턱에 다다랐을 때 스스로에게 다음과 같은 질문을 던지게 된다. 내가 죽고 나면 무엇이 남을 것인가? 그리고 나는 무엇을 남길 수 있을 것인가? 이제 그는 불멸의 삶에 대해 꿈꾸기 시작한다. 그리고 일생의 마지막 실험을 감행한다. 자신이 직접 시스템으로 들어가기로 결심한다. 하지만 그의 실험이 성공하기 위해서는 가족과 동료의 도움이 필요하다. 그의 셋째 부인 에비(Evvy)와 딸 미란다(Miranda), 그리고 아들과 같은 연구원, 니콜라스(Nicholas)가 이 역사적인 실험에 동참한다. 세계가 사이먼 파워즈의 마지막 실험에 주목한다.

작곡가이자 연출가인 토드 맥호버(Tod Machover) MIT 교수는 실험적인 오페라 <죽음과 파워즈>를 통해 죽음에 대한 의미를 되새기고자 한다. <죽음과 파워즈>의 성공 요인은 바로 사이먼 파워즈가 생전에 개발한 시스템이 시각적으로 어떻게 표현되는가에 달려 있다. 그가 시스템으로 들어가고 나면 사이먼 파워즈라는 캐릭터가 하나의 시스템으로 표현되어야 하기 때문이다. 무대 디자인을 살펴보면 사이먼 파워즈가 사용하던 방을 재현해 놓은 듯하지만 가구만 놓여 있는 평범한 방은 절대 아니다. 이 방은 상호적으로 연결되어있는 지능적 시스템 그 자체이다. MIT의 최첨단 로봇공학에 힘입어 사이먼 파워즈의 책장과 기타 소품들은 끊임없이 움직이는 패턴과 조형적 이미지를 만들어 내면서 무대 위 하나의 배우로 기능하게 된다. 무대 세트 전체가 사이먼 파워즈의 생전의 기억과 현재의 감정을 표현하는 하나의 거대한 로봇이 되는 것이다.

이 거대한 '로봇 건축물(robotic architecture)'은 미디어랩의 신시아 브리질(Cynthia Breazeal)와 알렉스 맥도웰(Alex Mcdowell)의 협업으로 이루어졌다. 신시아 브리질은 미디어랩의 다른 연구 집단인 '퍼스널 로봇(Personal Robot)'을 이

<죽음과 파워즈>의 전체 무대 디자인.

변화하는 책장.

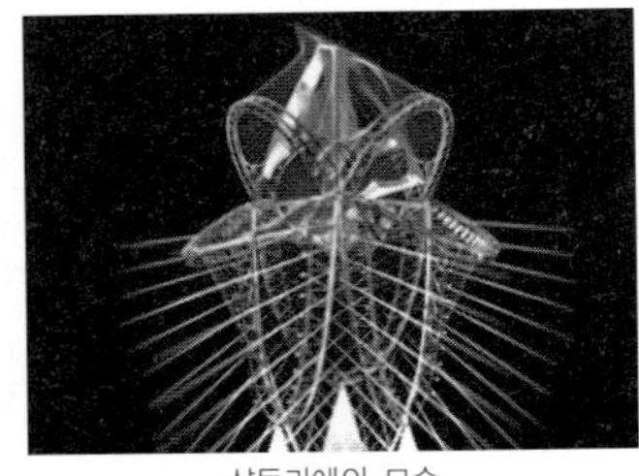
샹들리에의 모습.

끄는 교수이자 지난 2001년 '레오나르도' 로봇을 만든 장본인이다. 이 로봇은 사람과 매우 흡사한 표정을 지으며 감정을 표현하는 로봇으로 유명세를 치렀다. <찰리와 초콜릿 공장>의 미술 디자이너였던 알렉스 맥도웰은 그간 영화에서 쌓아온 '애니메트로닉스'의 노하우를 처음으로 무대에 도입한다.

로봇공학에 힘입어 탄생한 사이먼 파워즈의 책장 외에도 12미터 높이의 거대한 샹들리에는 그 자체로 하나의 악기로봇이다. 이 독특한 샹들리에는 시시각각 움직이면서 기존의 악기들이 들려주지 못한 독특한 사운드를 연출할 것이다. 그 외 고대 그리스극의 코러스 역할을 담당할 오퍼로봇(Opera+Robot)들도 등장한다. 정육면체 모양을 띤 작은 로봇들은 스스로 움직일 수 있으며 각종 사운드에 반응하게끔 설계되어 있다. 이처럼 로봇공학의 총집결이라고 할 수 있는 <죽음과 파워즈>는 오래 전부터 연출가들이 꿈꾸어 오던 자동화 무대의 새로운 시대를 여는 획기적인 공연이 될 것이다.

오퍼로봇의 실제 모습.

객석이 움직이다 — 바람곶의 <물을 찾아서>

최근 국내에서 상연되었던 공연 중에서 무대의 자동화를 시도했던 사례가 있기에 소개하고자 한다. 2008년 11월 26일 바람곶은 음악극 <물을 찾아서>를 서울역 역사에서 선보였다. 바람곶의 <물을 찾아서>는 이전에도 수차례 상연되었지만 서울역 역사의 공연은 매우 독특한 형태로 진행되었다. 연출가는 공사장의 비계로 3층 높이의 무대와 객석을 설치하였다. 관객이 가파른 계단을 통해 3층으로 올라가 자리를 잡으면 극이 시작된다. 놀라운 것은 60여 분의 공연 시간 동안 객석이 서서히 내려가기 시작한다. 그에 맞추어 무용수와 연주자들은 3층짜리 무대를 오가고, 움직이는 객석이 마침내 1층에 도달하면 공연은 끝난다. 객석을 움직이는 것은 지금의 기계공학으로 어려운 일이 아니다. 하지만 객석의 움직임 자체

가 관객의 관심과 놀라움을 자아내는 것이 아니라 그 움직임
에 이야기를 녹여냈기 때문에 주목받는 것이다. <물을 찾아
서>는 '바리데기 신화'에서 이야기를 차용하였는데 줄거리는
다음과 같다.

　　신화 속의 바리가 굿에 맞추어 깨어난다. 그리고 세상이
함께 창조된다. 속세의 중생을 나타내는 코러스와 캐릭터들
이 등장하고 그들은 바리에게 폭력을 행사한다. 쓰러져 있
는 바리에게 『이상한 나라의 앨리스』의 흰 토끼, 혹은 『별
주부전』의 흰 토끼가 등장하고 그들은 이제 생명수를 찾아
지옥으로 향한다. 지옥을 떠도는 영혼들 사이에서 생명수를
찾은 바리는 이제 신화 속의 빛이 되어 사라진다.

　　<물을 찾아서>의 3층짜리 무대는 위에서부터 신화의 세
계, 현실 그리고 지옥을 상징한다고 볼 수 있다. 이에 맞추어
무대 디자인과 영상이 변화하고 캐릭터와 코러스가 등장한다.
고대 그리스와 로마의 무대에서도 위는 천국, 가운데는 속세,
아래는 지옥으로 표현되었던 적이 있다. 하지만 이러한 전통
에서 더 나아가 <물을 찾아서>의 무대는 스스로 움직임으로
써 관객으로 하여금 전혀 새로운 방법으로 극의 흐름을 경험
할 수 있게 해 주었다. 관객은 움직이는 객석에 맞추어 자연스
럽게 바리의 행적을 쫓아 시공간의 여행을 떠나는 것이다.
　　이처럼 객석이 극의 흐름에 따라 움직여야 하는 이유가 작

품의 내용 안에 굳게 서 있다. 바리가 홀로 여행을 떠나야 하는 이유처럼 확실하다. 객석을 움직이는 테크놀로지가 발명되어서 활용한 것이 아니라 극이 전개되면서 객석을 움직여야 하기 때문에 테크놀로지를 활용했다고 볼 수 있다. 그리스 시대의 제의를 위한 신성한 마키나가 2008년 서울역 역사 안에서 재현된 셈이다. 물론 <물을 찾아서>를 완벽한 형태의 로봇 퍼포먼스로 보기는 어렵지만 적어도 무대에서 기계공학 및 로봇공학의 결과물이 어떠한 방향으로 활용되어야 하는지 보여 주는 좋은 사례가 될 것이다.

에필로그 – 로봇, 그 다음을 상상하라

  앞서 살펴본 '춤추는 로봇', '일하는 배우', '말하는 무대'라고 하는 세 영역의 경계는 모호할 수밖에 없다. 예를 들어 치코 맥머티의 공연은 '춤추는 로봇'과 '말하는 무대'에 속하며, 에두아르도 카츠의 퍼포먼스는 '춤추는 로봇'과 '일하는 배우' 사이에 걸쳐 있다. 로봇과 퍼포먼스, 그리고 무대가 만나는 수많은 사례들을 살펴보기 위해 나름대로의 기준을 가지고 임의적으로 나누었을 뿐이지, 배우가 로봇이 되고 로봇이 무대가 되는 오늘날의 상황 속에서 이러한 구분이 무의미할지도 모른다.

  사이버네틱스(cybernetics)의 창시자 노버트 위너(Nobert Wiener)는 오토마타와 로봇의 역사가 각 시대의 테크놀로지뿐만 아니라 이데올로기를 반영한다고 보았다. 그리스 신전과 극장에는 신을 위한 기계장치가 존재했으며, 17세기 프라하의 랍비는 기독교인에 대항하는 골렘을 창조했다. 그 후 뉴턴의 시대에는 정밀한 시계와 귀족을 위한 오토마타 인형이 등장했다. 20세기 들어 로봇은 자본가의 공장으로 들어가 노동자의 근육운동을 대체하게 된다. 이처럼 로봇의 변화하는 모습에서 당시의 사회상을 유추해 볼 수 있다.

21세기 테크놀로지의 발전으로 로봇은 최고의 전성기를 맞이하는 듯하다. 그렇지만 지금 이 순간에도 로봇과 퍼포먼스의 만남을 준비하고 있을 공학자·예술가·과학자들이 잊지 말아야 할 점이 있다. 모든 시대의 로봇이 그러하듯이 무대 위의 로봇도 사회상과 이데올로기를 반영해야 한다. 즉, 로봇에 대한 연출가의 고유한 생각과 이를 둘러싼 이데올로기가 무대에 고스란히 드러나야 한다. 그렇기 때문에 첨단 테크놀로지로 무장한 로봇이 인간의 춤을 기가 막히게 잘 따라한다고 해서 바로 예술 작품이 탄생하지는 않는다. 산업 박람회에서 로봇의 새로운 기능을 소개하는 '로봇 퍼포먼스'는 공학적 의미의 퍼포먼스이지 예술적 의미의 퍼포먼스가 아니다.

앞으로 무대 위의 로봇은 신의 숭고한 대리인이자 인간 영혼의 상징이어야 한다. 그리고 예술의 한계에 도전하는 연출가의 고뇌로 조심스럽게 피어나야 한다. 이러한 조건 아래에서만 로봇은 인간의 춤을 따라하는 것이 아니라 완벽한 인간의 춤을 출 수 있게 되며, 나아가 로봇 자신의 춤을 갖게 될 것이다.

1906년 고든 크레이크는 드레스덴에 '초인형 극장'을 지으려 했고, 바우하우스는 이후 새로운 개념의 극장을 여럿 계획하였다. 1985년 '국제 과학기술 박람회'에서 일본의 과학자들도 로봇 극장을 제안하였다. 언젠가 '떼아뜨르 로보티카'라는 이름이 아니라 하더라도 로봇 극장은 세워질 것이다. 그렇다면 다가올 2071년, 이 책이 시작하면서 상상했던 떼아뜨르 로보티카가 서울 도심 어딘가에 세워질 수 있을까?

결론부터 말하자면 시기적으로 현실성이 없어 보인다. 너무 빠르기 때문이 아니라 너무 늦기 때문이다. 2071년에 로봇은 이미 인간의 삶 속에 깊숙이 스며들어 무대에 올라가는 것이 지나치게 당연한 일일지 모른다. 그렇다면 그 때 우리는 로봇 다음으로 무엇을 무대에 세울 수 있을까? 20세기 초의 위대한 연출가들처럼 우리는 지금으로부터 100년 후의 배우와 무대에 대해 고민해야 한다. 현재 선보이는 로봇에 머물러서는 안 된다. 그래서 지금 이 순간에도 전 세계 공학자·예술가·과학자들이 한데 모여 밤새 토론하고 끊임없이 실험하는지도 모른다.

로봇과 인간, 그리고 로봇 다음을 장식할 아무도 알 수 없는 '창조물'이 다 함께 어우러진 미래의 극장을 상상해 보며 이야기를 마치도록 하겠다. 귀에 들리는 것과 다르게 로봇과 퍼포먼스의 만남은 그리 생소하거나 낯선 것이 아니며, 어쩌면 디오니소스의 아주 오래된 예언일지도 모른다. 그리고 그

예언은 연출가와 공학자의 책 속 지식이 아니라 인간의 위대
한 상상력을 통해 실현되리라 믿는다.

　　새로운 사실의 발견, 전진과 도약, 무지의 정복은 이성이
아니라 상상력과 직관이 하는 일이다.
- 1928년 노벨상 수상자, 샤를 니콜

참고문헌

국내서

고든 크레이그, 남상식 옮김, 『연극예술론』, 현대미학사, 1999.

김미혜 외, 『20세기 전반기 유럽의 연출가들』, 연극과인간, 2001.

김홍희, 『굿모닝, 미스터 백』, 디자인하우스, 2007.

빠트리스 파비스, 신현숙·윤학로 옮김, 『연극학 사전』, 현대미학사, 1999.

안 쉬르제, 송민숙 옮김, 『서양 연극의 무대 장식 기술』, 동문선, 2007.

야마구치 가쓰히로, 김승희 옮김, 『20세기 예술과 테크놀로지』, 지성의샘, 1995.

오스카 슐레머, 편집부 옮김, 『바우하우스의 무대』, 과학기술, 1995.

플로랑스 드 메르디외, 『예술과 뉴 테크놀로지』, 열화당, 2005.

국외서

Antonio Camurri, Giovanni De Poli, Anders Friberg, Marc Leman, Gualtiero Volpe, *The MEGA Project: Analysis and Synthesis of Multisensory Expressive Gesture in Performing Art Applications*, Journal of New Music Research, 2005.

Eduardo Kac, "Origin and Development of Robotic Art", *Art Journal*, Vol. 56, N. 3, 1997.

Joseph Butch Rovan, Robert Wechsler and Frieder Weiss, *Artistic Collaboration in an Interactive dance and music performance environment: Seinehohle form, a project report*, COSIGN, 2001.

Karel Capek, *R.U.R*, Penguin Books, 2004.

Steve Dixon, *Digital Performance*, MIT Press, 2007.

Susan Broadhurst, Josephine Machon, *Performance And Technology*,

Palgrave Macmillan, 2007.

웹사이트

http://www.medienkunstnetz.de/
http://www.fondation-langlois.org/
http://robots.net/
http://www.aec.at/

발레리나를 꿈꾼 로봇 로봇과 퍼포먼스

펴낸날	초판 1쇄 2009년 4월 10일
	초판 2쇄 2013년 1월 10일

지은이	김선혁
펴낸이	심만수
펴낸곳	(주)살림출판사
출판등록	1989년 11월 1일 제9-210호

경기도 파주시 문발동 522-1

전화 031)955-1350　　팩스 031)955-1355
기획·편집 031)955-4662
http://www.sallimbooks.com
book@sallimbooks.com

ISBN 978-89-522-1126-2 04080

※ 값은 뒤표지에 있습니다.
※ 잘못 만들어진 책은 구입하신 서점에서 바꾸어 드립니다.